Amour et sens de nos rencontres

De l'amour subi à l'amour choisi

Groupe Eyrolles
61, bd Saint-Germain
75240 Paris Cedex 05

www.editions-eyrolles.com

Ce titre a fait l'objet d'un reconditionnement (nouvelle couverture)
à l'occasion de son troisième tirage.
Le texte reste inchangé par rapport au tirage précédent.

Avec la collaboration de Charline Malaval

Juliette Allais

Amour et sens de nos rencontres

De l'amour subi à l'amour choisi

Troisième tirage 2017

EYROLLES

Table des matières

PREMIÈRE PARTIE

Les enjeux du couple aujourd'hui

Les exemples ont été composés en combinant personnages fictifs et histoires inventées. Tous puisent néanmoins dans la richesse d'une expérience clinique vécue, ceci afin de nourrir la cohérence du récit et de le rendre vivant. Aucun n'existe *tel quel* dans la réalité.

Juliette Allais

Pour contacter l'auteur : JulietteAllais@aol.com

En termes de relation amoureuse, qu'y aurait-il donc de nouveau à proposer ? Où trouver le souffle qui anime une réflexion profonde, distille une part d'inédit, réinvente autre chose ; au-delà des stéréotypes qui font de l'amour une denrée que l'on peut définir, mettre en boîte, vendre et acheter grâce à des recettes prédigérées et mensongères ? L'amour n'est rien de tout cela. Il se métamorphose d'un instant à l'autre en une multitude de teintes éclatantes et noires, brillantes, vivantes et – aussi – destructrices. Ce n'est pas un objet rassurant.

Qu'est-ce qui fonde le lien amoureux ? Un retour vers le passé où l'on retrouverait le goût du contact maternel ? Une caricature du couple de nos parents ? Une traversée houleuse du complexe d'Œdipe ?

Qui peut en percer le mystère ? Un jour, il sort de nulle part, animant soudain les enchevêtrements d'un réseau complexe, propulsant vers un destin inconnu des individus qui se croisent, se découvrent et partagent leurs trajectoires, leurs quêtes ou leur désespoir…

Que voulons-nous de l'autre ? Qu'il soit père/mère/frère/sœur/amant/maîtresse tout à la fois ? Qu'il nous sécurise et nous protège ?

Nous fasse grandir ou avancer ? Nous insuffle un sentiment océanique ? Nous relie à l'univers ? Nous rende tout simplement *vivant* ?… Or, la relation n'est jamais tout à fait ce que l'on croit, ce que l'on voudrait, ce que l'on espère, ce que l'on en attend. Elle est bien plus que cela. Elle nous ouvre à notre véritable profondeur en nous révélant à nous-mêmes, y compris là où nous n'avons pas envie d'aller.

D'ailleurs, avons-nous réellement *besoin* de l'autre ? Ne sommes-nous pas victimes d'un fantasme collectif selon lequel le bonheur dépend, avant tout de la rencontre avec l'âme sœur ? Cette idée reçue, largement relayée par tous, date de la nuit des temps. La réalité est plus complexe et plus subtile, car les méandres de nos échanges amoureux nous parlent d'une toute autre musique : un air à plusieurs voix, irritant et doux, joyeux et sombre à la fois. Il y a peu d'espoir de voir s'installer une harmonie définitive. En revanche, çà et là quelques éclats fulgurants nous font parfois toucher l'enfer, le paradis, ou autre chose encore de plus singulier…

Jamais nous ne verrons la même image que l'autre, ni ne respirerons à un rythme identique. Nous resterons étrangers, jusqu'au bout. Et c'est bien ainsi. Car c'est grâce à cette différence fondamentale que nous pouvons nous voir, nous opposer, nous ressembler, nous fondre sans nous perdre. Miroir fascinant parce que ce qu'il donne à voir est sur le fil du rasoir entre illusion et réalité. Tout est faux de ce que j'invente de lui. Mais c'est aussi *totalement vrai*. Et dans cette magie paradoxale, renouvelée à chaque fois, je peux exister, respirer et vivre libre. *Avec et sans lui.*

Beaucoup d'entre nous vivent aujourd'hui des relations amoureuses compliquées ou chaotiques dominées par l'incommunicabilité, le manque de partage et l'hostilité, dans lesquelles trahisons et frustrations diverses, absence d'engagement et désillusions sont remises en scène, à l'infini… Il leur semble de plus en plus difficile de comprendre et de « maîtriser » un tant soit peu ce qui se joue dans ce domaine. Qu'est-ce que tout cela veut dire ? Quelle langue faut-il parler pour s'entendre avec l'autre ? Comment et où, à travers nos diverses expériences, plus ou moins réussies, plus ou moins faciles à vivre, pourrait-on distinguer quelque chose de cohérent, qui nous aide à avancer, qui nous rende heureux ? Comment ne pas nous perdre face à nos doutes, nos peurs et nos échecs ?

Et si nous ne savions pas ce que nous mettons *réellement* en place dans chacune de nos relations ? Si nous passions à côté de leurs véritables enjeux ? Si notre vie amoureuse ne servait qu'à nous dévoiler à nous-mêmes ce que nous portons de plus intime, de plus profond, de plus lumineux, de plus vivant ?

Imaginons que, derrière tous les scénarios incompréhensibles ou conflictuels que nous vivons, un projet se prépare pour nous dans l'invisible. Que nos relations, loin d'être le fruit du hasard, se trament et se tissent à notre insu selon une logique qui nous échappe, mais qui existe bel et bien. Qu'elles soient au service d'une dynamique de développement et d'évolution qui nous aiderait à devenir un peu plus qui nous sommes réellement, d'abord en nous permettant de résoudre des situations inachevées qui nous maintiennent dans des schémas stériles ou des croyances limitantes, mais aussi en nous acheminant vers un déploiement plus heureux de notre vie sentimentale et sexuelle, fondé sur une réelle rencontre, avant tout, *avec nous-mêmes* au plus près de notre vérité.

Ainsi, il n'y aurait plus rien de « négatif » dans ce que nous vivons, mais uniquement des étapes de progression vers une vie plus profondément harmonieuse et consciente, et donc nécessairement plus réussie… Certes, c'est difficile à croire quand on ne traverse que des histoires douloureuses où règnent l'affrontement, la déception ou la perversion, où rien n'est jamais comme on le souhaiterait. Pourtant, n'est-ce pas ce qui nous manque le plus : pouvoir faire confiance à la vie, et sentir qu'au-delà des apparences, de la confusion et de la tristesse, quelque chose nous fait avancer vers la lumière ?

Cet ouvrage fait le pari que ce mouvement existe bel et bien. Il s'appuie sur les expériences amoureuses vécues par des hommes et des femmes qui ont traversé le vide, le conflit et, parfois, la détresse ou la dépression, et qui ont, malgré tout, réussi à y trouver du sens. C'est le message d'espoir que ce livre entend délivrer, que nous pourrions résumer de la façon suivante : quelles que soient vos relations, leur complexité, leurs contradictions et leur désordre ne sont que *l'envers* du décor. Soulevez le voile et vous trouverez à votre disposition une terre d'accueil plus riche et plus fertile, qui vous permettra de sentir où et comment vous êtes sur le chemin vers le meilleur de vous-mêmes, son dévoilement et sa réalisation…

Alors, comment aller plus loin ? Comment identifier les leviers du changement pour amener du nouveau, sortir des situations dissonantes et problématiques et vivre enfin la relation autrement ? Quelles sont les pistes pour s'affranchir des conditionnements de toute nature et pour soutenir et incarner notre propre « projet amoureux » ? Voilà ce que ce livre vous propose : éclairer nos relations, non seulement en illustrant la complexité de leurs trajectoires, mais aussi et surtout, l'infinie créativité que nous y déployons à travers le choix de nos partenaires, pour progresser sur le chemin de notre quête intérieure et nous extraire définitivement du passé. Car si ce que nous y rejouons est souvent destiné à nous replonger au cœur du chaos, il y subsiste toujours, aussi inaccessible soit-elle – en apparence –, une raison d'être intelligible, intelligente qui témoigne que nous n'y perdons jamais tout à fait notre temps, ni notre âme…

Les enjeux du couple aujourd'hui

Sommes-nous réellement « libres » de nos choix amoureux ? Il semble que tout soit devenu possible en la matière… Nos préférences peuvent aisément se matérialiser sous les traits d'un ou d'une partenaire, très vite, très simplement par le biais de l'informatique par exemple. Nous pensons que, pour réussir notre vie de couple, il n'y aurait qu'à sélectionner les candidats au plus près de nos aspirations, grâce à un certain nombre de critères. Dans la réalité, cela ne donne jamais tout à fait les résultats escomptés. L'autre est un *autre* et ne rentrera jamais dans des cases préétablies. Pourtant, nous continuons à le chercher, à le rêver, et à faire des rencontres, avec l'espoir de trouver celui ou celle qui nous conviendra *parfaitement*.

Certes, il est possible de vivre des relations amoureuses équilibrées, significatives, vivantes, satisfaisantes… mais cela ne se fait pas sans une certaine *conscience* que tout ce qui s'y passe n'est ni anodin, ni fortuit. Car nos relations amoureuses ont *toujours* un sens : qu'elles soient tumultueuses ou fluides, brèves ou inscrites dans la durée, elles témoignent d'une quête intérieure dont nous évaluons rarement l'importance et que nous pourrions souvent accompagner avec clairvoyance si nous en connaissions plus précisément les enjeux.

Pour en appréhender la richesse et nous y déployer au mieux, en toute lucidité et en toute liberté, pour répondre à la promesse d'évolution qu'elles nous proposent, nous avons besoin de clés de lecture et de compréhension. Au-delà des stéréotypes, nous pourrons alors peut-être plus facilement rendre à nos trajectoires amoureuses leur véritable raison d'être : celle de nous guider vers une rencontre authentique avec nous-mêmes, sur la voie d'une réalisation plus complète et plus vraie… Mais commençons par le début !

« C'est quoi, un couple ? »

Une perplexité largement partagée

Je me souviens très bien de celui qui m'a posé cette question. Michel, un homme d'une quarantaine d'années, démêlant depuis peu dans mon cabinet l'écheveau de sa dernière histoire d'amour. Intelligent et soucieux de mener sa vie avec discernement, il sortait d'une relation de dix ans avec une femme et avant d'entamer la suivante qui se présentait déjà à lui, il cherchait ce qui avait bien pu mettre son couple « en échec ». Lui et son ex-compagne semblaient avoir toutes les qualités requises pour bien s'entendre et mener une relation épanouie, dans un partage vivant et équilibré. Je ne voyais rien d'autre chez lui que profondeur, bonne volonté et souplesse et il me décrivit sa partenaire sous des traits également positifs. Qu'avait-il bien pu se passer entre ces deux personnes : lassitude, ennui, inadéquation ? Mais où ? À quel endroit y avait-il quelque chose qui avait « grippé » le lien ? Et s'il n'y avait d'ailleurs rien du tout ? Juste le temps qui passe… ? Et, me dis-je, en allant encore plus loin, si tout cela faisait partie d'une histoire, d'une dynamique que, tout simplement, nous n'aurions pas encore appris à lire ? Je pressentais que ce qu'il décrivait comme un échec n'en était pas un. Mais alors, de quoi s'agissait-il vraiment ?

Il tombait à pic dans mon cheminement. J'avais commencé à écrire ce livre depuis des mois, parce que le sujet me fascinait, aussi bien à titre personnel que professionnel. Et, de plus en plus, les gens que je recevais venaient pour des problématiques liées à l'amour, au couple et à l'impossibilité d'être en relation de manière vraie, satisfaisante et engagée. Qu'ils soient désespérément seuls ou dans des relations difficiles à vivre, qu'ils soient trompés, déçus ou tout simplement aux prises avec des sentiments pénibles, des querelles quotidiennes, des frustrations sexuelles, tous souffraient de ne pas trouver de pistes pour éclairer leur chemin et sortir des complications diverses que tout cela occasionnait.

Depuis, bon nombre de mes patients m'ont posé cette question à nouveau. Et j'avoue que je me suis souvent réjouie de les voir s'interroger ainsi, avec autant de perplexité, comme si, tout à coup, les vieilles certitudes tombaient les unes après les autres et que chacun se retrouvait devant une scène vide, face à un chantier inconnu. Aujourd'hui, les femmes et les hommes aspirent à vivre leurs relations, leur sexualité et leur vie commune d'une façon plus libre, plus fluide, plus appropriée que ce qu'ont connu les générations précédentes. Ils ont besoin de redéfinir ce qui les pousse à être ensemble et à le rester. Et donc à réfléchir et à inventer de nouveaux critères de choix qui leur correspondent mieux, et résonnent

12

plus en profondeur avec ce qu'ils sont vraiment quand ils sortent des cadres habituels. « Comment être bien ensemble ? C'est quoi "un couple", pour moi ? Quel sens a cette rencontre pour nous deux ? Quel est le potentiel de cette relation ? Comment la faire vivre le mieux possible ? »

C'est face à ces énigmes que chacun tente d'élaborer ses propres solutions. Cette quête que j'accompagne quotidiennement m'a poussée à en apprendre davantage, a nourri ma réflexion et a permis que ce livre existe. À force d'entendre le désarroi de femmes et d'hommes, tous aux prises avec la complexité de la relation amoureuse à une époque de changements majeurs, j'avais fini par me passionner pour l'énigme qui s'offrait à moi chaque jour. Elle m'apparaissait comme un vrai terrain de recherche, avec des enjeux importants et des interrogations encore largement inexplorées et irrésolues.

De nouvelles clés de lecture

Je sentais qu'il se cherchait là, collectivement, des réponses neuves à un problème devenu crucial et souvent indéchiffrable pour beaucoup. Grâce à mon expérience combinée de psy jungienne et transgénérationnelle, je captais à ma manière des pistes encore inédites pour explorer les choses plus en profondeur, mais aussi ailleurs, d'une autre manière. Ce qui me frappait surtout était la distance entre ce que vivaient mes patients et les apports théoriques qui organisaient ma réflexion. Au fond, j'étais parfois déçue de ne pouvoir partager entièrement avec eux mes connaissances car je savais que les problèmes qu'ils rencontraient venaient très souvent d'une vision erronée du couple ; erronée car trop partielle, cantonnée à des images certes largement véhiculées mais trop superficielles pour restituer la *totalité* de ce qui se jouait.

En effet, lorsque nous pensons à l'amour, nous sommes conditionnés à n'évaluer les choses que sous un angle de vue *unique*, comme si une seule clé de lecture pouvait nous suffire à résoudre nos difficultés. Or, cela nous empêche d'avoir accès à tous les plans requis pour comprendre les choses *dans leur ensemble :* un ensemble vivant et difficile à lire dans sa totalité. En effet, la question est plus complexe que nous le pensons et nous ne pouvons plus nous contenter des bons vieux critères auxquels nous avons recours depuis des lustres pour trouver des solutions. Dieu sait si le monde actuel regorge de recettes en tous genres en psychologie, développement personnel et coaching amoureux. Pourtant, les gens continuent à souffrir et à ne pas trouver la réponse à leurs problèmes lorsque des conflits apparaissent ou que l'amour s'évapore.

J'ai compris à travers ces dizaines de consultations qu'il faudrait inventer du nouveau. Changer de point de vue (en se débarrassant au passage de pas mal de préjugés). En mettant en lien des éléments qui ne l'étaient peut-être pas jusque-là. Donc, en éclairant la relation *à différents niveaux en même temps.* Et, pour terminer, en la logeant dans une réflexion plus globale sur le sens de la vie. Car, au final, le couple est inséparable de cette dynamique d'évolution. Sans elle, il est tout simplement coupé de sa véritable raison d'être. En tout cas, c'est ce que ce livre se propose de vous démontrer…

14

Se défaire des idées reçues

Bien sûr, j'ai été amenée à m'interroger sur l'utilité d'un énième livre sur la relation amoureuse. Pourquoi écrire sur ce sujet alors que tant de choses ont déjà été dites ? Il m'est alors apparu qu'il y avait pourtant, au milieu de toutes ces publications, un grand absent. J'ai trouvé cette absence à la fois révélatrice et inquiétante…

Sortir d'une vision uniquement matérialiste

C'est indéniable : la recherche du « bonheur dans le couple » ou les techniques pour éviter d'y souffrir et pour le faire durer inspirent aujourd'hui de nombreux discours. Pour un auteur, c'est toujours une source d'intérêt, de joie ou d'irritation de lire ce qui s'édite, sur une question très en vogue à propos de laquelle il écrit lui-même. En ce qui concerne l'amour, je me suis naturellement beaucoup promenée dans les ouvrages édités ces dernières années. Une évidence y revenait dans cesse qui ne me plaisait qu'à moitié :

beaucoup de ces livres distillaient irrévocablement des thèses certes très élaborées sur l'amour mais je ne m'y retrouvais pas et n'y retrouvais pas non plus mes patients. Quelque chose n'y était jamais cité, qui, pour moi était de l'ordre de l'essentiel. Comment était-il possible que la question qui me paraissait de loin la plus importante soit aussi régulièrement escamotée ?

Dire cela, c'est presque faire preuve d'arrogance, mais cela sert le sujet du livre, aujourd'hui. Oui, je trouve souvent insuffisantes, incomplètes – et même parfois bornées – les différentes réflexions sur l'amour proposées à l'heure actuelle. Elles manquent de perspective, de profondeur et d'imagination. Certaines prônent le recours à des recettes magiques et simplificatrices relevant du développement personnel, et d'autres un long travail de « reparentage » psychothérapeutique visant à guérir d'une enfance carencée, rendant nos parents responsables. Je passerai sur les ouvrages sociologiques où l'on explique à quel point la relation est condamnée, à cause d'Internet, des réseaux sociaux ou d'un prétendu besoin de consommer plus et d'aller plus vite auquel nous aurions tous succombé au point de ne plus voir en l'autre qu'un objet.

Finalement, une vision chassant l'autre, mais essayant toujours de cerner le sujet comme si la question du sens n'y avait pas sa place, le propos se limite à la seule nécessité d'être heureux, d'aller bien et de jouir de tout le mieux possible, tranquilles, confortables et débarrassés à tout jamais de tout ce qui pourrait venir nous déranger. Esquivant au passage l'idée même de *transformation*.

Si nos vies ne sont que le fruit du hasard, nous ne pouvons qu'espérer apprendre à les piloter au mieux en comptant sur la chance pour les rendre agréables et prospères. Il n'y a rien d'autre à faire que d'essayer de tirer notre épingle du jeu en nous posant comme l'acteur principal d'une pièce qui n'obéit qu'à des logiques causalistes, sociologiques, historiques ou psychologiques… Mais doit-on vraiment s'arrêter là ? Je ne le crois pas. Je voudrais ici défendre l'idée que nous ne souffrons dans la relation amoureuse que d'une seule chose : l'ignorance. Nous souffrons de celle qui consiste à ne pas prêter attention à notre propre cheminement, à ignorer le défi que la vie nous propose en prenant part à telle ou telle rencontre. Le malentendu est relayé partout : on n'a de cesse de nous expliquer à quel point l'amour rend malheureux, comme si c'était une fatalité. Mais ne sommes-nous pas les acteurs et metteurs en scène de nos vies amoureuses ? Et si nous n'y trouvons pas ce que nous cherchons, n'y aurait-il pas quelque chose à entendre et à changer dans la place que nous y prenons et celle que nous donnons à l'autre ? Et peut-être, avant tout, dans nos représentations et notre conception du couple lui-même ? N'est-il pas temps de sortir d'une vision « matérialiste » de la relation, dont le seul but serait d'y cumuler confort, jouissance et sécurité sous peine de passer complètement à côté de sa véritable finalité ?

« Je veux être heureux en couple ! » Oui, mais encore… ?

Tous mes patients veulent être « heureux en amour », comme si cela allait de soi, que toute relation se devait d'être satisfaisante et durable, ou qu'une vie réussie passait nécessairement par une vie de couple épanouie. Pour beaucoup d'entre eux, le célibat ou toute expérience de solitude affective ou sexuelle est considérée comme un échec et génère même parfois de la honte. Ceux-ci attendent que la vie leur délivre celui ou celle qui leur correspond pour se mettre en marche. L'attente est alors démesurée. Cette posture de départ recèle déjà un biais puisqu'elle sous-entend que la rencontre n'est pas faite pour apprendre mais pour être comblé. Elle renvoie bien sûr à un fantasme collectif : le grand amour unique et définitif, grâce auquel nous accéderons enfin à un paradis bien mérité. Évidemment, rien de tout cela ne se réalise tout à fait comme prévu…

D'où vient cet écart parfois énorme ? Pourquoi les expériences de couple sont-elles pour beaucoup d'entre nous aussi ardues, compliquées, décevantes ? Notre conception trop partielle des choses ne contiendrait-elle pas une partie de la réponse ? Notre image de l'amour – et les attentes qu'elle implique – est-elle réellement en phase avec nos réalités d'êtres humains, ambivalents, complexes et incomplets, c'est-à-dire en voie d'achèvement ?

Fabienne, trente ans, suit une thérapie depuis de longs mois en se concentrant sur la question du couple et me dit qu'elle a l'impression de tourner en rond, sans jamais apercevoir la fin du tunnel : ses rencontres amoureuses lui laissent toujours le même goût de déception et d'amertume. Quels qu'ils soient, ses partenaires ne sont pas à la hauteur de ses espérances de tranquillité et d'harmonie. Un mot, une phrase, un semblant d'indifférence de la part de l'autre (cela prend de multiples visages, tous inquiétants) suffisent pour qu'elle se sente triste et abandonnée, d'une façon ou d'une autre. Est-ce son destin de femme ou est-ce, au contraire, un appel à examiner plus profondément de quoi parlent ses frustrations et ses peurs et comment elle les provoque, par des choix inadéquats ?

Et, pour aller plus loin, si tout cela ne faisait que lui désigner un autre chemin, une autre façon d'être une femme dans la relation à l'homme ? Si tout cela n'était que la découverte de ses véritables aspirations, de ce qui, en elle, est caché, oublié, enfoui, parce qu'elle n'y a jamais eu accès et qu'elle ignore son existence ? Si tout cela servait à l'amener à porter un autre regard sur elle-même, sur sa vie de femme et sur la finalité du couple ?

Oui, tout cela est vrai. Car, selon Fabienne, le problème ne vient pas d'elle-même, de sa posture intérieure et de ses croyances, mais *de la vie*. Pour elle, la vie ne « fait pas correctement son travail », en l'occurrence lui fournir un partenaire à la mesure de ses attentes. C'est profondément injuste ! N'est-ce pas contraire à ce qui est censé se passer pour tout le monde ?

Répéter le même scénario finit par lasser : comme Fabienne, bon nombre d'entre nous ne comprennent pas d'où viennent leurs échecs et, un jour, ceux-ci laissent tomber l'idée d'être heureux dans une relation amoureuse, comme si cela relevait plus d'un miracle que d'un projet réalisable et réaliste. Se résigner ainsi est certes compréhensible mais injuste, car souvent envisagé en pleine méconnaissance. Fabienne ne sait pas ce qui l'anime, ce qui l'amène à faire des choix qui ne lui correspondent pas et la rendent malheureuse. Elle se contente de penser que rien ne changera jamais et que « l'amour n'existe pas » pour elle. Cette résistance à s'ouvrir à un autre point de vue lui est fatale. L'idée même qu'elle puisse y être pour quelque chose la pousse à me toiser avec arrogance. Je n'ai rien compris : elle recommence à m'égrener la liste de ses aventures ratées d'un air morne. Je sais, au fond, qu'elle s'est installée dans cette image d'elle-même, pour un bon moment.

Reconnaître notre part de responsabilité

Comme elle, beaucoup vivent leurs rencontres au jour le jour, sans chercher à s'interroger sur ce qui les fonde, ou sur leur manière d'y participer et de les faire évoluer, stagner ou échouer. Aucun de ceux-là ne réalise qu'au fond, il est partiellement, voire totalement « complice » de ce qui l'empêche de vivre pleinement sa vie amoureuse de façon satisfaisante. Or il se trouve que, la plupart du temps, nous participons activement à nos déboires sentimentaux, que nous le sachions ou non, que nous le voulions ou non. Comment ? Pourquoi ? Alors que, justement, nous semblons vouloir « tout faire pour réussir » ?

D'ailleurs, faut-il vraiment *creuser* la question, l'analyser en profondeur, en comprendre les dynamiques ? Peut-on réellement y voir plus clair et y changer quoi que ce soit ? La réponse est simple : plus de conscience, plus de liberté. Et donc, on peut l'imaginer, une vie nécessairement mieux remplie, mieux habitée, répondant à nos véritables besoins et aspirations. Une vie vécue au plus près de ce que nous portons en germe de meilleur pour nous-mêmes.

L'attitude négative de Fabienne n'a fait jusqu'ici qu'engendrer une autre série de revers… Mais pour ceux qui décident d'accepter leur part de responsabilité, quelque chose d'autre peut advenir. Ainsi, au lieu de « tomber » systématiquement sur le même genre de partenaire ou de répéter sans cesse le même schéma (abandon, trahison, déception, violence, perversion ou autres), il devient possible d'inventer des situations totalement nouvelles, des histoires qui « finissent bien » et de sortir du cercle vicieux. Mais cette liberté n'existe qu'à condition de comprendre et de maîtriser un minimum les enjeux sous-jacents et de reconnaître ce qui, en nous, déclenche les problèmes et contribue largement à les maintenir en place.

Philippe, quant à lui, se désole de ne rencontrer que des femmes irresponsables qui « profitent » de lui : il est plutôt riche et dépense son argent sans compter. Ses relations démarrent assez vite et il s'investit sans trop se poser de questions. Au bout d'un moment, il s'aperçoit que les femmes qu'il choisit ont toutes quelque chose en commun : un passé familial compliqué, une tendance à ne pas trouver leur place dans la vie, une difficulté à accepter l'homme tel qu'il est. Les choses s'enveniment au bout de quelques semaines lorsqu'il leur reproche de ne pas assez se prendre en charge et chacun finit par camper sur ses positions, sans se remettre en question. Pour Philippe, penser que toutes les femmes sont infréquentables et décevantes simplifie le problème : il n'est responsable de rien. Ce sont elles qui lui rendent la vie impossible...

Néanmoins, il décide d'entreprendre – quand même – une démarche thérapeutique. Il a donc envie de se confronter à lui-même, même si l'idée qu'il participe à tous ses échecs, de près ou de loin, lui déplaît profondément. Au terme de son travail avec moi, il comprendra que ces rencontres « ratées » et difficiles à vivre ne sont que des appels à entendre quelque chose dont il n'avait jamais pris conscience : sa conception machiste des femmes ne tient pas la route. Il lui faut abandonner cette posture archaïque de mâle dominant qui a toujours raison s'il veut y voir plus clair et vivre plus heureux. Pour cela il doit cesser de considérer les femmes avec autant de mépris et de violence, en se défaisant de l'image qui lui a été transmise par ses père et grands-pères. Un jour, il lâche prise et, tout en protestant beaucoup, accepte de changer de place en transformant sa vision des femmes. À partir de là, une rencontre différente devient envisageable...

Changer de point de vue, cesser de se sentir supérieur à l'autre en l'accusant de tous les maux, c'est prendre le risque d'être bouleversé profondément et de perdre tous ses repères. C'est risquer de ne plus rien comprendre à ce qui nous arrive alors que tout était rangé dans des catégories immuables. C'est aussi sentir à quel point on s'est trompé longtemps… Autant de raisons de résister !

Philippe est loin d'être un exemple unique : une des grandes tendances actuelles est de toujours rejeter la faute sur *l'autre*. L'autre n'est jamais assez bien, assez compréhensif, assez viril, assez doux, assez évolué, assez gentil, assez protecteur… L'autre est un pervers narcissique. L'autre ne veut pas s'engager. Les parents ne nous ont pas accueilli comme ils auraient dû, ils nous ont rejeté, barrant ainsi la route à l'estime de nous-mêmes et à la possibilité de créer un couple heureux. Et si nous pensions différemment ? Si nous cessions d'entendre et de répéter toujours la même chose ? Ce discours, sous couvert d'empathie et de bienveillance, recèle aussi le danger de nous maintenir dans la position – confortable – de victime et de cliver le monde en deux parties distinctes et définitivement hermétiques, les bons et les méchants.

Dans la réalité, ce n'est jamais aussi simple car chacun de nous est fait d'ombre et de lumière mêlées imperceptiblement l'une à l'autre. Tenir l'autre comme seul responsable de tout ce qui est négatif est non seulement faux mais dangereux, car cela rend inutile toute remise en question et nous maintient dans l'illusion que nous n'aurions rien à transformer.

Replacer les choses dans une continuité

Pourquoi elle, pourquoi lui ? La réponse à cette question cent fois posée est pour certains évidente, pour d'autres inaccessible. Il n'y a *a priori* aucune cohérence. Il existe bien sûr des tentatives d'explication. On peut distinguer, par exemple, des schémas répétitifs qui inscrivent la relation dans un cadre familier lié à l'enfance, dont on ne sort que rarement, et qui nous font choisir systématiquement un ou une partenaire en lien avec nos parents. Mais n'y aurait-il pas déjà intimement imprimée en nous une prédestination à vivre l'amour *d'une certaine manière*, au service de motivations qui nous échappent et remontent très souvent à l'histoire de ceux qui nous ont précédés ?

Et si tout cela avait commencé bien avant nous ?

Les couples que nous allons former s'ébauchent bien avant notre naissance dans d'autres plus anciens, plus ou moins « réussis » ou équilibrés. La fameuse histoire familiale est loin d'être neutre en ce qui concerne nos choix amoureux et nos fantasmes autour de la relation. On peut ainsi remonter à la quatrième génération afin de retracer la généalogie de nos liens et tenter d'en comprendre les ramifications inconscientes. Certains pourront objecter qu'il suffit d'essayer de les vivre au présent, ce qui est déjà une tâche suffisamment ardue. Nous risquons alors de poursuivre des relations inachevées commencées un siècle plus tôt et de perdre notre temps et notre énergie dans une totale inconscience des enjeux réels auxquels nous sommes confrontés.

Démêler ce qui nous appartient de ce dont nous avons hérité nous revient, mais procède d'un long processus de discrimination. La démarche analytique « classique » peut aussi se révéler tout à fait caduque si elle ne prend pas en compte l'empreinte de ces versions antérieures de la relation amoureuse, gravée en nous dans des dynamiques que la plupart d'entre nous ignorent.

« Faire comme mes parents ? Plutôt mourir… » me disait récemment une patiente. Et comment pourrions-nous en avoir envie? La dépendance, le conflit, la soumission, les ménages à trois, les mariages dans lesquels on reste par obligation : rien de tout cela n'est plus envisageable pour nous aujourd'hui. Nous avons grandi. Nous sommes devenus *évolués* et libres. Oui, mais seulement en partie : si certaines choses ont changé en surface, d'autres sont simplement devenues *invisibles* mais n'en sont pas pour autant pleinement intégrées.

Réinventer le passé pour mieux vivre au présent

Or ce qui se déploie, à notre insu, dans ces couples que nous cherchons à construire ne serait-il pas une nouvelle voie d'accès à nous-mêmes ? Ces expériences, y compris les plus difficiles, ne seraient-elles pas l'occasion de mettre en lumière, enfin, ces lieux d'inachèvement, ces enchevêtrements du passé dont nous serions porteurs, à travers ces voies − *a priori* − sans issue dont nous cherchons désespérément à sortir ?

Le passé nous habite profondément, imperceptiblement. Il nous relie à des histoires d'antan, où ce qui s'est échangé a tissé une trame vivante, vibrante. Il nous incombe de comprendre ce que nous en faisons, aujourd'hui, dans un siècle où nous semblons avoir toutes les libertés. À quelle organisation sous-jacente le réel nous confronte-t-il lorsqu'il nous invite à marcher sur les traces d'un de nos ancêtres ? Nous encourage-t-il à revivre les émotions, peurs et doutes que cet(te) inconnu(e) a traversés dans sa vie amoureuse ? À choisir un partenaire semblable à celui ou celle qu'il ou elle a aimé, perdu ? À tout faire pour trouver une solution inédite et *personnelle* aux mêmes errances ?

Oui, nous faisons tout cela. Pour eux ? Pour nous, surtout. Pour prouver que la vie est plus forte, plus riche, plus belle et parce que nous devons, nous pouvons le vivre *autrement* aujourd'hui. Animés d'une lucidité largement soutenue par des approches thérapeutiques aussi variées que cohérentes, nous nous mesurons à des vestiges d'un autre temps, dans un corps à corps permanent, où rien n'est jamais acquis. Lutte acharnée entre les fantômes et la lumière, ce mouvement a du sens. Grâce à lui, nous pouvons faire évoluer cet immense chantier qu'est la relation amoureuse. Sans lui, nous ne sommes que des marionnettes condamnées à la répétition, parées de vieux costumes qui n'ont plus cours mais que nous revêtons avec une constance parfois désarmante, comme en témoigne Anne :

« J'ai fait l'expérience de choisir un homme "civilisé", remodelé de l'intérieur par des années de psychanalyse, intelligent et profondément humain. J'ai compris tout de suite que les choses étaient – en partie – comme avant. Comme quand ma mère hurlait de rage sur un homme soumis, victime, éteint. La seule différence était le bruit. Mon cri était silencieux, ravalé, encore plus enragé de n'être plus qu'une très infime douleur, à la fois sourde et aiguë. Je semblais heureuse, mais mon corps agonisait, sans rien montrer. Violences ordinaires... Traces d'un autre temps. De quoi, de qui s'agissait-il ? Je n'y comprenais rien. Je savais cependant que cela ne m'appartenait pas *entièrement*.

Un jour, je me suis *réveillée :* il était temps de jeter aux oubliettes les vieux schémas relationnels qui avaient servi de modèles à tant de femmes de mon arbre généalogique. Il fallait faire place neuve, recommencer de zéro, avec d'autres formes, d'autres logiques. Ce siècle nous poussait à aller jusqu'au bout de nous-mêmes, à déconstruire et à reconstruire en laissant passer la lumière. *Enfin...* »

Un défi d'envergure pour le monde d'aujourd'hui

« Rien n'est plus du tout comme avant… ! » Bien sûr et heureusement ! Nous avons évolué en matière de relation amoureuse, en ce qui concerne les rôles et les places dévolues à chacun en fonction de son sexe : « L'homme propose, la femme dispose » ; « C'est à l'homme de faire le premier pas » ; « C'est pour la vie », etc. Une grande partie de ces codes de conduite a disparu. La liberté est partout et à double tranchant : elle nous ouvre à une perspective plus riche, plus créative et nécessairement plus personnelle et elle nous prive des cadres traditionnels qui, certes, nous enfermaient « pour le pire et pour le meilleur » mais nous montraient très clairement ce que nous étions censés devenir. Ainsi le type de relation, le partenaire et le scénario amoureux étaient-ils souvent inscrits à l'avance et aisément identifiables selon les normes. Tout cela se jouait avec plus ou moins de souplesse selon les milieux, certains plus formatés et plus rigides que d'autres, mais l'histoire du couple ne sortait que rarement d'un sillon assez classique et s'organisait le plus fréquemment autour du mariage et de la création d'une cellule familiale avec un partenaire du sexe opposé.

Cela n'est plus forcément aussi vrai aujourd'hui. Ces changements nous obligent à remplacer certains de ces repères devenus dépassés et même parfois à inventer de nouveaux chemins ! Est-ce un bien ou un mal ? Cela dépendra de ce que nous en ferons. Mais de toute façon, ces nouveaux enjeux exigent de nous une compréhension plus grande à l'égard de nous-mêmes et de ce qui nous anime. Le monde est aujourd'hui plus ouvert qu'il ne l'a jamais été : nous pouvons entrer en contact les uns avec les autres à une vitesse inédite, sans que rien ne soit limité en aucune manière. Un tel bouleversement n'est pas sans créer une angoisse face à une multiplicité et à une liberté difficiles à intégrer : que faire de toutes ces possibilités ? Avec qui se lier et pour quoi ? Comment choisir ? Qui doit faire le « premier pas » et en fonction de quels *critères* ? Comment ne pas être perplexe, dépassé ou perdu ?

Judith est une jeune patiente qui se pose beaucoup de questions : qu'est-ce qui « se fait » et « ne se fait pas » en matière de rencontre amoureuse ? Y a-t-il des règles à suivre ? Des erreurs à ne pas commettre ? Elle me raconte qu'elle s'est fait récemment rappeler à l'ordre par une de ses amies : elle a osé exprimer son désir à un homme rencontré lors d'une soirée, à qui elle a adressé un message à la fois direct et admiratif. Cette amie « spécialiste » des relations amoureuses lui explique qu'elle s'est trompée et qu'il faut surtout continuer à laisser à l'homme son rôle de chasseur. C'est d'abord à lui de décider ! Que va-t-il se passer si l'on se met à inverser les règles ? L'homme ainsi rendu impuissant, non reconnu dans sa virilité archaïque, n'aura plus qu'à chercher ailleurs une autre proie sur un mode plus conventionnel...

Pourtant, Judith en est certaine, elle a fait ce qui lui semblait juste : non pas pour exercer une domination vis-à-vis de cet homme qu'elle connaît à peine, mais tout simplement parce que c'est sa nature intrinsèque que d'être libre et entreprenante. Au risque de perturber les codes habituels... Et alors, se dit-elle ? Nous sommes au XXIe siècle ! Elle admet que son amie l'a, un temps, fait douter d'elle-même : avait-elle ainsi le droit de manifester spontanément son attirance ? Entre une authenticité moderne et un souci de respecter les convenances, la voie est loin d'être tracée d'avance, quelque soit notre âge. Et cela peut encore nous rendre hésitant...

Que ce soit pour une relation profonde et importante, ou légère et passagère, il nous est proposé de chercher des réponses plus individuelles mais aussi très concrètes à des questions qui ne se posaient pas jusqu'à maintenant, ou très peu. C'est plus facile pour certains que pour d'autres. Mais pour tous, le défi reste le même : il s'agit à présent de définir nos propres motivations à être en relation en étant capable de les ancrer dans une cohérence tenant compte de notre singularité, de nos aspirations et de nos besoins. Pour tous, il est question de trouver comment être en lien de façon juste en sachant pourquoi on y est, ce qu'on y fait et d'y participer en comprenant ce qui s'y joue. Afin de pouvoir choisir en toute connaissance de cause ? Oui, certes, mais également en prenant conscience que tout cela ne se « décide » pas uniquement dans nos têtes, nos cœurs et nos corps, et que d'autres dynamiques y sont également à l'œuvre, ainsi que d'autres personnages et bien d'autres histoires…

La relation amoureuse et ses pièges

La relation amoureuse ne va pas de soi ! Souffrances, doutes, échecs, impasses et interrogations diverses se succèdent dans la vie des uns et des autres. Pour certains, cela prend toujours la même forme. D'autres, au contraire, expérimentent la multiplicité des frustrations et des écueils dans un registre plus varié. Mais beaucoup vivent le même enfermement, quelles que soient l'insatisfaction ou la tristesse que cela génère. Celui-ci pourrait se décliner à travers un certain nombre de situations « types » que nous allons retrouver tout au long de cette deuxième partie.

Dans l'ensemble de ces situations, il semble que les protagonistes soient aux prises avec un réel frustrant ou pénible qui n'a, en apparence, aucune *raison d'être*. En fait, aucun d'eux ne comprend vraiment ce qui se passe dans sa vie amoureuse, que celle-ci existe ou non. « Ça n'a pas de sens… » ; « Je ne comprends pas pourquoi je fais ça… » ; « Je ne suis pas normal » : le sentiment le plus souvent rencontré est celui d'être aux prises avec autre chose que la volonté ou la raison. L'exemple d'Emmanuel décrit deux partenaires dépassés par ce qui leur arrive, emportés dans un tourbillon dont ils ne maîtrisent plus rien et qui les déstabilise totalement. Cette expérience génère beaucoup d'insécurité et une sensation récurrente d'impuissance face aux événements. Pourquoi réagit-on selon un mode qui ne relève en apparence d'aucune logique « positive » ?

Tout simplement parce que nos choix amoureux ne nous appartiennent pas vraiment tout à fait. Bien sûr, nous aimerions nous dire que nous sommes *libres* d'aimer qui nous voulons, que nos partenaires n'entrent dans notre vie que parce qu'ils nous plaisent, correspondent à nos valeurs et nous permettent de réaliser nos fantasmes dans la plus grande liberté possible. Nous voudrions nous dire que grâce à eux nous allons créer le couple dont nous rêvons depuis toujours, ou qu'ils représentent la matérialisation extérieure de notre image idéale de l'autre, *enfin* rencontrée dans la réalité. Bref, nous voudrions croire que nous menons notre vie amoureuse comme bon nous semble, sans nous référer à rien d'autre que le désir qui nous anime. Dans la réalité, il en va tout autrement…

Cette toute première étape de notre voyage ressemble à un paysage tour à tour désertique, confus, brouillon dans lequel nous expérimentons différentes formes de souffrance et de frustration directement liées à la relation amoureuse, de notre fait, à cause de l'autre, ou enfin, à cause de la relation elle-même…

L'autre ? Quel autre ?

La question de la relation se pose parfois en termes d'absence : il n'y a *personne* en face de nous. La scène reste désespérément vide. La possibilité même de l'existence d'un autre a peut-être d'ailleurs presque disparu. Peut-on encore parler d'un « choix » dans ce cas ? Comment en arrive-t-on à s'imaginer hors de toute vie amoureuse, à un âge où c'est encore logiquement et complètement d'actualité ?

J'ai rencontré beaucoup de patients piégés dans la « rencontre impossible ». Pourtant, il ne semblait souvent rien leur manquer. Comment s'y prenaient-ils pour repousser l'autre, au point que celui-ci ne se matérialise jamais dans la réalité ? De quel phénomène s'agissait-il ? Même si leurs situations étaient différentes à chaque fois, pouvait-on y retrouver une constante ? De quoi cette absence pouvait-elle bien parler ?

Les exemples qui vont suivre illustrent bien l'étendue du problème et la diversité de ses manifestations. Mais aussi, et surtout, à quel point les uns et les autres participent toujours à sa mise en place, même si c'est souvent de façon inconsciente.

Pas pour moi

Florence est une jeune femme de trente-huit ans, jolie, intelligente et vive. Elle entre en thérapie – en apparence – pour une meilleure gestion du stress professionnel, et notamment pour explorer la question du transgénérationnel à propos de sa place au travail, car c'est une de mes spécialités. Venant d'un milieu modeste, elle s'est petit à petit hissée à une position sociale assez valorisante dans la finance. Ayant consacré la majeure partie de son temps à son travail depuis des années, elle a très honorablement fait carrière. En revanche, elle n'a jamais accordé aucune importance au domaine relationnel. Seule depuis toujours, elle a réussi à évacuer la question, comme si celle-ci ne se posait pas – en tout cas, pas pour elle. Au fur et à mesure que progresse sa thérapie, je commence à évoquer prudemment le sujet. Elle est ébahie. Elle répond que cela ne la concerne pas et qu'elle ne voit même pas « où est le problème ! », car même si sa vie amoureuse est absolument inexistante, elle ne considère pas cela comme un symptôme.

J'ai besoin d'en savoir plus. Est-ce un choix délibéré de sa part ? S'est-elle donné les moyens de rencontrer quelqu'un ? Fuit-elle systématiquement la moindre occasion ? Se sent-elle à la hauteur ou, au contraire, s'imagine-t-elle, comme beaucoup, qu'elle n'est pas attirante ? Toutes mes questions tombent un peu à plat et ne trouvent quasiment aucun écho. Je pressens que le problème pourrait être plus profond, plus inconscient. Et ses parents ? Est-elle proche de sa famille ? A-t-elle eu suffisamment d'espace pour elle-même ? Comment a-t-elle grandi ? Je cherche alors à mettre au jour une emprise familiale à travers un lien qui ne serait pas encore tout à fait coupé entre la jeune femme et ses parents.

Florence s'aperçoit alors, pour la première fois, qu'elle éprouve de grandes difficultés à exister face à son père et sa mère, et qu'elle organise beaucoup de choses en fonction d'eux et de leur souhait de l'avoir à leurs côtés. Elle passe notamment toutes ses vacances avec eux et ils ont choisi et meublé ensemble son appartement. Ainsi apparaît petit à petit ce que l'on pourrait appeler un climat « incestuel » où l'enfant continue à « appartenir » aux parents, comme s'il n'avait pas le droit à une vie d'adulte séparé…

Aussi étrange que cela puisse paraître, Florence partage cette situation de solitude inexpliquée avec beaucoup de femmes et d'hommes de son âge. L'escamotage complet de la relation amoureuse peut avoir, nous le verrons par la suite, de multiples causes. Pour Florence, nous pouvons déjà repérer l'absence de représentation d'elle-même en couple et constater aussi à quel point père et mère ont investi leur fille et se sont approprié son territoire. De là, se pose tout naturellement la question de la séparation psychique et symbolique entre Florence et ses parents : celle-ci a-t-elle pu réellement avoir lieu ? Ou Florence est-elle encore reliée à eux comme le serait une petite fille ? Serait-ce cela qui l'empêche de ménager une place pour un homme dans sa vie ? Et pourquoi cette situation familiale s'est-elle mise en place ? C'est ce que nous découvrirons au fil des chapitres suivants.

Aucun autre n'est assez bien pour moi

Contrairement à Florence chez qui l'autre n'existe nulle part, y compris dans l'imaginaire, il peut, en revanche, occuper une place énorme dans le fantasme de certains, sans jamais se manifester dans la réalité pour autant… L'absence est plus « masquée ». Le désir de rencontre existe, mais il est soumis à tant de conditions que cela élimine tout le monde. Ce qui est d'ailleurs peut-être le but recherché !

Pour Catherine, journaliste parisienne d'une trentaine d'années, la question se pose autrement. Oui, elle aurait bien envie d'être avec quelqu'un mais pour elle, tous les hommes sont interchangeables et n'ont globalement aucun intérêt particulier. Catherine attend, sinon le Prince Charmant, du moins l'homme idéalement singulier et original qu'elle imagine dans ses rêves et qui correspondrait d'ailleurs, pour elle, à son « double ». Forcément décevantes compte tenu de l'exigence de ses attentes, ses rencontres génèrent inlassablement le même constat : tous les hommes se ressemblent et ne **lui** ressemblent pas assez. Stéréotypés et prévisibles, ils l'ennuient profondément. Elle finit par me dire qu'elle se résigne à ne plus rencontrer personne et qu'au fond, cela doit être son « destin »…

Chez Catherine, la place de l'autre est en apparence plus disponible que chez Florence, mais sous réserve de correspondre absolument à une image très précise. Elle ne laisse donc, dans la réalité, aucune place à un autre *différent,* qui aurait ses propres contours et obligerait ainsi Catherine à renoncer à ce fantasme qu'elle s'est fabriqué depuis qu'elle est toute petite. Mais pourquoi se crée-t-elle une telle représentation de l'homme idéal ? Qui est-il donc et pourquoi règne-t-il ainsi en maître sur sa vie amoureuse ? Nous aurons l'occasion d'explorer en détail son histoire familiale, mais nous pouvons déjà introduire une piste incontournable : sa propre mère avait choisi son père parce qu'elle le considérait comme un homme exceptionnel… Y aurait-il là un fil directeur ? À quoi correspond cette image ?

J'y suis sans y être

Les choses ne sont pas toujours aussi lisibles et repérables, comme pour Caroline, par exemple. L'autre existe bel et bien, mais c'est Caroline qui s'absente comme si la relation était irréelle ou désinvestie. On pourrait dire ici que c'est le lien qui a disparu, alors que les deux partenaires sont présents. En surface, en tout cas…

Caroline vit sa relation « de loin » : elle est avec un homme dont elle ne sait pas vraiment quelle place il occupe pour elle. Ils s'entendent bien mais, régulièrement, un sentiment étrange de distance et de détachement l'assaillit et l'inquiète : elle se sent « ailleurs ». Elle se trouve bizarre et fait comme si de rien n'était. Mais cela ne s'arrange pas avec le temps, bien au contraire, et elle commence à avoir peur… D'où vient cette sensation d'être indifférente à son ami, comme si elle était déjà engagée au plus profond d'elle-même à un autre que personne ne voit ni n'entend, et qu'elle ne connaît d'ailleurs pas non plus ?

Caroline a été élevée par sa grand-mère paternelle les cinq premières années de sa vie. Ses parents, très occupés par leur travail de restaurateurs, l'ont confiée à cette femme « douce et aimante ». Entièrement dévouée à Caroline, elle a décidé que celle-ci partagerait tout avec elle. C'était sa façon d'être une grand-mère parfaite, à défaut de n'avoir pas pu être une mère « suffisamment bonne ». Elle n'avait pas vraiment investi sa propre fille, la mère de Caroline, qu'elle avait tenue longtemps à distance parce que c'était une fille, tout simplement. De plus, son fils Yves, âgé de trente ans, trouvé la mort dans un accident de voiture alors que la mère de Caroline avait tout juste vingt ans et qu'elle venait d'accoucher. Caroline était donc arrivée au bon moment pour consoler sa grand-mère de cette perte. C'est le rôle qui lui avait été assigné par tous. Très vite, Caroline sent que cette femme qui s'occupe d'elle avec gentillesse et application n'est pas « entièrement » là.

Mais où est-elle donc quand elle parle à Caroline le regard dans le vague en évoquant des souvenirs heureux ? Perdue dans un autre monde où elle peut rejoindre son fils disparu. Rien de ce qui l'entoure, au fond, n'a plus d'importance pour elle. Seul ce vide où elle disparait elle aussi, semble avoir de l'intérêt, éclipsant tout le reste...

Caroline fait donc très tôt l'expérience de l'absence de l'autre, à la fois à travers ce que sa grand-mère lui montre, mais aussi à travers la perte de cet oncle arraché brutalement à la vie, dont on ne dit que du bien. Son univers entier se construit en lien avec ce personnage fantasmatique qu'elle n'a jamais connu. Bizarrement, tout cela rejaillit de façon très concrète sur sa présence à elle dans son propre couple où « l'ailleurs » prend une place énorme, comme s'il était bien plus fascinant qu'un être présent en chair et en os.

Se sentir loin de l'autre peut arriver de temps en temps. Mais être incapable d'être là, engagé dans la relation, comme séparé de l'autre par une paroi de verre, est plutôt inquiétant. Ce que vit Caroline ressemble fort à une incapacité de saisir le lien dans sa réalité, comme si elle vivait dans un autre monde... De quoi parle cette difficulté à se relier à l'autre dans le présent ? Est-ce cette toute première expérience qui influence sa manière d'entrer en relation ? Et pourquoi se sent-elle plus intéressée par cette dimension invisible et insaisissable que par celui qu'elle a en face d'elle au quotidien ?

Pour certains, la rencontre avec l'autre ne se matérialise jamais, tandis que pour d'autres, le contact, même s'il existe physiquement, n'est pas pour autant satisfaisant ou n'a jamais été réellement possible. Mais où et comment se mettent en place ces mécanismes qui placent l'autre à une distance infranchissable ou le rendent définitivement inaccessible ? Nous aurons l'occasion d'explorer ce qui, dans l'histoire de chacun, a donné lieu à ces étranges phénomènes de l'ordre de la « non-rencontre », notamment en examinant la part généalogique. Car si ne « rencontrer » personne peut avoir de multiples causes et parler de bien des manques (manque d'estime de soi ou de confiance en la vie, difficulté à créer un lien, scénarios malheureux et loyautés dans la souffrance), une question finit par surgir le plus souvent : qui cela pourrait-il bien « protéger » ? Qui, au fond, resterait ainsi à sa place indétrônable de seul et unique objet du désir, à jamais inaccessible ?

L'autre, mais « pour qui » ?

Le fait que la relation devienne possible, réelle, avec un autre reconnu et « sélectionné » pour ce qu'il représente ne veut pas nécessairement dire que nous soyons sur la bonne route. Nous pouvons, là aussi, être guidés par d'autres motivations que notre désir personnel, sans en avoir aucunement conscience et choisir un ou une partenaire qui ne nous convient pas, sans pouvoir faire autrement et sans réellement nous l'avouer… Il ou elle est là, certes, mais cet autre correspond-il *vraiment* à notre désir profond ?

« Comme un mec »

Joséphine vient en thérapie avec la problématique suivante : « Je n'arrive pas à fonder une famille et à vivre une belle relation partagée et harmonieuse… » Tel est, en tout cas, son désir conscient tel qu'elle me le formule, même si elle reconnaît que ses choix la poussent à l'inverse vers des partenaires avec qui rien n'est durablement envisageable.

43

En fait, nous constatons toutes les deux assez vite que Joséphine affiche une attitude assez offensive à l'égard des hommes. Elle s'habille de façon provocante, « drague » ouvertement, et, endossant une position masculine un peu « archaïque », consomme les hommes comme s'ils étaient des objets. Son charme opère d'ailleurs assez facilement, mais elle ne vit que des aventures sans lendemain : ses conquêtes ne cherchant pas particulièrement de relations de longue durée. Tout cela ne lui apporte pas vraiment de satisfaction mais elle ne sait comment « faire autrement ».

Je la questionne sur son passé : comment les femmes vivent-elles l'amour dans son arbre généalogique ? Elle me raconte alors sa version de l'histoire. Dans sa famille, « les femmes sont trahies » de génération en génération par des hommes qu'elle dit volages et instables, abandonnant femmes et enfants pour des maîtresses plus jeunes. Joséphine, elle, choisit donc plutôt la posture des hommes de la famille et se positionne clairement du côté du masculin séducteur. Cette posture contraste avec la douceur et la féminité qu'elle dégage, à son insu. Elle cherche à gérer ses relations « comme un mec », évitant soigneusement de s'engager et quittant ses compagnons dès qu'ils commencent à éprouver des sentiments pour elle.

La manière dont Joséphine fonctionne et choisit ses partenaires nous indique qu'avant tout, elle cherche à éviter la situation humiliante de femme abandonnée que ses ancêtres ont vécue. Bizarrement, elle reconnaît d'ailleurs éprouver même un certain plaisir à être « de l'autre côté », à ne jamais s'attacher à personne et à montrer ostensiblement son indifférence à ceux qu'elle côtoie. Endossant un rôle de justicier, elle leur fait payer les trahisons des hommes de sa famille. Qu'elle se sente solidaire de ces femmes est logique, mais de là à les venger... Pourquoi est-elle si concernée ? Pour qui se met-elle au service d'une cause qui n'est pas la sienne ?

Comment en arrive-t-on à prendre cette place ? Le poids de l'histoire familiale est-il toujours aussi déterminant ?

Pour plaire à mes parents

Frédéric, jeune avocat descendant d'une lignée d'avocats d'affaires de renom, vient de se fiancer. Il est tout à fait persuadé que son choix est excellent. Il a en partie raison. Elle est la femme idéale du point de vue de ses parents : riche, d'une excellente éducation, cultivée, et parfaitement intégrée dans le monde. Il la courtise de façon très classique et l'assurance tranquille et policée de la jeune femme, sans oublier la situation financière très aisée de sa famille, en font une future épouse digne de ce nom. Frédéric attache de l'importance au fait que sa partenaire soit en accord avec les valeurs de son milieu et plaise à son entourage familial. Mais secrètement il lui arrive de s'imaginer dans une relation plus joyeuse, avec une femme plus fantaisiste et moins conventionnelle, avec qui il partagerait autre chose que ce système parfois étouffant dans lequel il vit depuis toujours. Étouffant, mais rassurant : tout son avenir y est tracé d'avance, y compris son destin amoureux. Il n'oserait d'ailleurs jamais se soustraire à ce conditionnement puissant qui organise ses choix et ses décisions les plus personnelles.

Plus le mariage approche, plus il se sent bizarrement « éteint », comme sous l'effet d'une apathie paralysante et inconnue. Il se sent obligé de prendre les antidépresseurs que lui prescrit un généraliste consulté à la hâte, en se répétant que tout finira par s'arranger. Mais, au contraire, il devient de plus en plus angoissé et finit par s'effondrer à deux jours du mariage, ne sachant plus quoi faire pour émerger de cette déprime qui s'est abattue brusquement sur lui, alors qu'il a « tout pour être heureux ». Il lui a fallu de longs mois d'exploration thérapeutique pour comprendre qu'il obéissait à des attentes qui n'étaient en rien conformes à son désir et que se négliger de la sorte a un prix !

Frédéric a-t-il le droit d'accéder à son désir d'un certain type de femme, hors des conventions de son milieu social ? Il est apparemment sous le joug d'une injonction familiale assez forte, guidant sa route et programmant sa vie d'homme, jusque dans son intimité. Au fond, Frédéric se marie avec une image de conformité. Une petite voix en lui subsiste néanmoins, mais pas assez pour être prise au sérieux. Ce qui lui importe avant tout, c'est de contenter ses parents de manière à gagner ses galons de fils modèle. Comment et pourquoi se laisse-t-on façonner de la sorte, sans pouvoir, au moins, se poser la question ?

Comme pour Catherine et Joséphine, la famille joue un rôle prépondérant. Pour Frédéric, il s'agit beaucoup plus d'une soumission globale à un ensemble de règles familiales qu'à une fidélité à un personnage, voire plusieurs, de son histoire. Le milieu social et ses codes, comme une pieuvre tentaculaire, l'enferme et brouille les pistes d'accès à ses propres aspirations. Il n'existe plus et s'absente de lui-même, inhabité, insensibilisé.

Pour donner un fils à mon père

Certains, comme Frédéric, se soumettent aux règles familiales et leur choix amoureux y est complètement assujetti. D'autres, en revanche, tentent de négocier et de trouver une solution plus personnelle sans toutefois toujours y parvenir : c'est le cas de Lena qui se débat depuis plusieurs années sans pouvoir choisir entre deux partenaires.

Lena, grande blonde, ancienne directrice d'une agence de communication désormais à son compte comme coach, est « coincée » entre deux hommes (son mari et son amant) et n'arrive pas à décider lequel compte le plus pour elle. Elle n'y est d'ailleurs pas obligée, car elle vit les deux relations en même temps, sur un mode assez classique, qui, pour l'instant, ne génère ni trop de difficultés ni culpabilité. Mais elle sent bien que quelque chose n'est pas tout à fait juste, ni pour elle ni pour ces hommes, et notamment son mari à qui elle cache toute une partie de sa vie, alors que ce dernier la prend désormais en charge financièrement. La séparation entre les deux relations est nette et la place qu'elle occupe dans chacune d'elles est très différente. D'un côté, elle vit une passion tumultueuse avec son amant norvégien au physique très typé qui la traite comme une déesse. Et, de l'autre, elle entretient une relation plutôt calme et sécurisante avec un mari bourgeois, fiable, cadre dans une grande entreprise et père parfait pour ses deux filles.

J'hésite donc sur la direction à suivre en tant que thérapeute. Bien sûr, il pourrait ne s'agir que d'une situation très banale de triangulation entre une femme, son mari et son amant. Mais quelque chose me dit que cette interprétation partielle passerait à côté de la question et ne nous serait pas d'une grande utilité. Au-delà du vaudeville classique qui semble se jouer entre ces trois personnes, je sens que quelque chose d'autre est à l'œuvre, de moins évident, mais qui organise la situation en profondeur. Pourquoi, pour qui choisit-elle ces deux partenaires que tout oppose ? De quoi cela peut-il bien parler ?

Lena est une très belle femme, élevée par un père extrêmement autoritaire – qui la dénigre profondément et qui aurait de loin préféré un fils – et une mère d'origine italienne légèrement hystérique et totalement soumise à son mari. J'apprends au fil de notre travail que son mari – très tôt orphelin – est très proche de son père, qui le considère un peu « comme son propre enfant ». D'ailleurs, ponctue Lena, « c'est comme si je lui avais donné le fils que je n'ai pas réussi à être, ni à avoir »… Est-ce là un premier pas vers une nouvelle compréhension de son scénario amoureux ?

Dès lors qu'il est impossible de choisir entre deux hommes ou deux femmes, si la situation est classique, elle peut, en revanche, dissimuler un déchirement plus profond, bien loin des comédies légères. C'est notamment le cas lorsqu'elle se met en place à partir d'un conflit ou d'un clivage de la personnalité qui divise littéralement la personne en deux, pour des motifs inconscients. On pourrait croire Lena empêtrée dans ce dilemme à cause de son besoin d'assurer ses arrières et de vivre tranquillement sa passion sans renoncer à la sécurité d'un mariage conventionnel. Mais en y regardant de plus près, il s'agit de bien autre chose.

En fait, ce qui compte le plus pour elle depuis l'enfance, c'est que son père la regarde enfin avec admiration. C'est ce qu'elle désire le plus au monde, même si elle ne veut pas se l'avouer. « Malheureusement », elle n'a pas même réussi à le satisfaire en lui donnant un petit-fils pour assurer sa descendance. Elle lui trouve alors ce « fils idéal » qu'elle épouse, juste pour lui faire plaisir. D'un autre côté, cela ne correspond pas à ses attentes de femme et l'oblige à vivre sa vie amoureuse « en cachette », comme si vie maritale et sexualité n'étaient pas compatibles. D'ailleurs, nous retrouverons là l'influence du père qui vivait de nombreuses aventures à l'extérieur du couple « officiel ».

Lena semble donc avoir organisé sa trajectoire amoureuse en fonction des attentes de son père et en le prenant également pour modèle. Elle se met ainsi à toutes les places où elle peut lui témoigner sa fidélité. Cela entre forcément en conflit avec ce qu'elle-même désire en tant que femme. Comment faire alors ? Pour l'instant, elle n'a d'autre moyen que de vivre cette contradiction entre sa loyauté au père et son propre être féminin à travers cette situation bloquée où aucun choix n'est réellement satisfaisant. À quoi, à qui devrait-elle renoncer pour sortir de cette délicate posture ?

48

Tous sauf ceux qui me plaisent…

Axelle, jolie femme raffinée, à la situation sociale aisée, formatrice dans une école privée, me parle d'elle sur un ton détaché et se raconte depuis quelques séances. Je sens régulièrement affleurer une pointe de tristesse, voire de honte dans sa voix, même si elle fait tout pour le masquer. Son problème ? Elle choisit invariablement des hommes d'une condition sociale nettement inférieure à la sienne, voire précaire. Ce sont souvent des étrangers rencontrés dans un bar branché de la capitale, avec lesquels elle ne partage pas grand-chose. Elle s'inquiète de cette tendance qu'elle considère comme une compulsion plutôt malsaine et dont elle n'ose parler à personne. Elle sent que « ce n'est pas normal… » et qu'elle se laisse embarquer « malgré elle », comme « téléguidée », se mettant en scène dans des scénarios bizarres avec des partenaires toujours profondément en décalage avec son milieu, ses valeurs, ses habitudes…

Ses échanges deviennent vite frustrants et finissent dans un manque total de communication à tous les niveaux car, au fond, elle n'a rien à dire à ces hommes. Elle n'a rien d'autre à faire avec eux que de tenter de leur servir de guide, voire parfois de les aider financièrement. Tous finissent par la considérer de la même façon : avec une envie teintée de ressentiment, partagés qu'ils sont entre la fierté de l'avoir à leurs côtés et la colère de ne pas faire partie du même monde…

À quoi Axelle peut-elle bien jouer ? Comment pourrait-elle décrypter ce qui se passe à son insu et qui, quelque part, lui « empoisonne » la vie ? Qui parle en elle ? Petit à petit, elle avance dans le décryptage de son roman familial et y découvre une tante de sa mère séduite et ruinée par un petit braqueur au charme italien ravageur, qui fut bannie du clan avec violence et reniée par ses enfants. Cette femme

49

semble bizarrement exercer une « influence » sur la vie amoureuse d'Axelle. En effet, celle-ci duplique le même genre de relations avec des hommes d'une classe inférieure, qui profitent largement d'elle, alors même que ces deux femmes ne se sont jamais rencontrées. Comment enrayer cette répétition ?

Que faire dans le cas d'une identification à un modèle du passé ? Le fait d'en prendre conscience suffit-il à stopper cette emprise ? Pour Axelle, s'apercevoir qu'elle rejoue sans cesse quelque chose de plus ancien, lié à l'histoire de quelqu'un d'autre, l'a beaucoup étonnée. Elle a compris que ses attirances étaient le fruit d'une logique qui lui était totalement étrangère et qui court-circuitait ses propres goûts, jusqu'à la propulser là où elle avait le moins envie d'être.

Comment en vient-on à répéter une situation que l'on n'a ni vécue ni connue ? Par quels mécanismes notre vie amoureuse peut-elle prendre des orientations qui nous déplaisent, mais que d'autres ont vécues avant nous dans nos arbres généalogiques, alors que nous voudrions tout l'inverse ?

L'autre, mais à quel prix ?

Quand l'autre apparaît enfin, à la suite d'un choix perçu comme *le nôtre*, cela ne rend pas forcément les choses faciles pour autant : la relation peut, bizarrement, se révéler frustrante, compliquée à vivre ou insatisfaisante, dangereuse, absurde ou toxique et nous mettre dans un état de détresse, dont nous ne savons que faire. Il est ainsi des relations où le prix à payer est extrêmement élevé en termes de violence, d'insécurité, de trahison de soi, de renoncement à ses propres valeurs… Nous donnons à l'autre le pouvoir de nous soumettre, de nous tyranniser, et d'exiger de nous ce qui est au-dessus de nos forces. Oui, parfois, la rançon de l'amour devient exorbitante. Et pourtant, nous y restons fixés, comme aveuglés ou paralysés par une force qui nous dépasse…

La « cage aux lions »

Emmanuel, cadre dans une société, la quarantaine, sympathique, fils unique d'une mère française et d'un père australien, est depuis quelques mois dans une situation très pesante et inquiétante pour lui. Il est amoureux – passionnément – d'une femme qui le fait énormément souffrir et dont il essaie désespérément de comprendre le comportement destructeur. Rien en apparence ne le destinait à vivre ce genre de situation. Il est bon père de famille, divorcé depuis peu sans trop de remous et à la recherche d'une compagne pour partager une nouvelle tranche de vie. Il ne s'attendait pas à l'ouragan qui allait l'arracher à la quiétude de son quotidien et le faire durement retomber sur terre.

Son histoire est touchante parce qu'elle raconte une véritable aventure initiatique. Elle est de celles qui démantèlent toutes les certitudes, mettent à nu et plongent au tréfonds de l'impuissance et du désespoir. Certains en ressortent plus forts, plus vrais, presque ressuscités, définitivement expulsés du monde de l'enfance. Mais elle parle aussi de fascination à l'état pur, de possession, et du saisissant spectacle d'un homme raisonnable bouleversé par une expérience dramatique. Mais n'anticipons pas. Lorsque Emmanuel arrive en thérapie, il est au bord de la dépression. Pour lui, cette aventure n'a pas le moindre sens. Il ne voit que sa souffrance et le rejet quasi quotidien auquel il est soumis. Auquel il se soumet, devrait-on plutôt dire. Je l'apprendrai au fil du temps, il se plie à des exigences d'une rare extravagance.

Il me raconte sa relation qui a plutôt bien commencé. Il a rencontrée au travail cette jeune Chilienne, jolie, bien dans sa peau, parfaitement intégrée en France. Elle est traductrice. Lui est cadre dans une grande société et passionné par l'Amérique du Sud. Ils prennent très vite plaisir à se parler, se découvrir, sans intention particulière, simplement pour la fluidité de leurs échanges, la qualité de la relation. Irina est intelligente, cultivée, ambitieuse. Elle va de l'avant. Ils s'intéressent l'un à l'autre, sur un mode plutôt amical, facile et joyeux. Puis, petit à petit, ils s'aperçoivent qu'ils ont envie d'autre chose. Il est divorcé, donc libre. Elle est célibataire, libre également. Pourquoi n'essaieraient-ils pas de vivre ensemble une histoire d'amour, puisque rien ne paraît s'y opposer ?

Ce qui semble relever d'une idylle simple et moderne bascule cependant très vite dans un mauvais rêve. Irina devient jalouse, possessive, agressive. Elle fait preuve d'une rare violence verbale à l'égard d'Emmanuel lorsqu'il mentionne ses enfants, ses amis, ses passions – cheval et football – et tout ce qui concerne sa vie avant leur rencontre. Elle le somme d'abandonner ces « vestiges d'un autre temps », témoignant d'une époque définitivement révolue, qui, pour elle, ne fait qu'encombrer leur histoire naissante. Au début, il proteste mais il finit par se plier à cette revendication. Il renonce officiellement à voir sa famille et ses amis, et leur donne rendez-vous en cachette... Il entre dès lors dans une phase plutôt inquiétante puisqu'il se soumet par amour à des demandes absurdes. En fait, il comprendra plus tard qu'il n'est plus là que pour une chose : prouver à Irina qu'elle est son unique objet d'amour. Elle veut être celle qui fait disparaître tous les autres, sans doute parce qu'on ne l'avait jamais regardée ainsi étant petite. Bien sûr, les proches d'Emmanuel vont très vite se lasser d'être maintenus à l'écart de sa nouvelle vie et vont tout tenter pour évincer Irina. Il se retrouvera écartelé entre sa famille, ses amis, ses envies propres et sa nouvelle compagne, dans une équation totalement insoluble et parfaitement injustifiée.

L'autre que l'on a choisi pour de très bonnes raisons peut aussi, tout à coup, se métamorphoser en une personne radicalement différente, voire en son contraire. Nous avons alors toute liberté de ne pas nous engager plus avant dans la relation et de refuser tout ce qui ne nous convient pas, nous irrite ou nous fait violence. Pourtant, il arrive que nous restions en lien avec lui, que nous mettions toute notre énergie à lui faire plaisir et à devenir ce qu'il souhaite, au risque de nous trahir. Il arrive même que cela nous le rende profondément indispensable… De quoi et de qui parle cette emprise ?

Pour Emmanuel, cette rencontre avec un personnage totalement irrationnel, qui lui fait vivre des situations extrêmes, d'une sauvagerie inédite, pourrait sembler être la pire de toutes ses expériences amoureuses. D'une certaine manière, c'est vrai. Pourtant, se confronter à ce personnage féminin est ce qui l'a fait le plus évoluer. Mais pourquoi ? Qui est-elle et que représente-t-elle pour lui ? Nous tenterons d'y répondre dans la suite de cet ouvrage en explorant où et comment ce genre de pouvoir tyrannique trouve sa source à l'intérieur de chacun de nous, sous les traits de l'*Anima* et de l'*Animus,* définis par C.G. Jung.

« Comme au cinéma »

Dimitri vit depuis un an une situation totalement énigmatique pour lui : il est devenu accro à une relation très perturbante avec Myriam, une jeune femme peintre, passant de l'euphorie totale à la rupture radicale et définitive en quelques heures, sans réussir à choisir une solution et à s'y tenir. « Très amoureux l'un de l'autre », ils maintiennent l'équilibre tant qu'ils sont dans un environnement privilégié et plutôt luxueux, loin des contingences du quotidien. Dès que les choses semblent s'établir dans une réalité plus banale et se stabiliser dans le temps, dès qu'apparaissent les contraintes du réel, la relation se défait, comme s'il n'était pas possible de l'inscrire « dans la vraie vie » et de s'engager. Ce qui se passe lui échappe complètement et lui fait peur. Il essaie de s'éloigner de sa partenaire, mais il se fait régulièrement happer par la force de son attirance pour elle, devenue une véritable obsession.

Au bout du compte, lorsqu'il arrive dans mon cabinet, ils auront essayé de se séparer au moins une dizaine de fois, sans succès... Pourquoi cette difficulté à maintenir le lien dans la vie de tous les jours ?

Pour Dimitri et Myriam, l'ennemi c'est le *quotidien* : le réel, dans sa dimension concrète, simple, pratique. L'autre n'y est plus un fantasme, mais un être humain véritable. Ici, les deux partenaires sont uniquement préoccupés par une mise en scène luxueuse du lien amoureux, plus que par le lien lui-même et ce qui pourrait se passer entre eux. Il s'agit pour eux de recréer à tout prix une certaine représentation féérique, presque irréelle, où tout est parfait, immuable, immobile et définitif. D'où vient cette absolue nécessité de s'identifier à un cliché romantique et figé de la relation amoureuse, dans un décor d'un autre âge, à l'abri de toute banalité et presque de toute réalité ? Serait-ce pour recréer le rêve de quelqu'un d'autre ? Mais de qui ? Pourquoi la relation ne se suffit-elle pas à elle-même ?

Un cadeau empoisonné

Je reçois Anne pour la première fois alors qu'elle vient de rencontrer un homme qui correspond *enfin* à ses critères. Il est intéressant, ouvert, intègre, drôle, inscrit dans la vie, a un métier qu'il aime et des relations équilibrées avec les autres… Mais étrangement, elle me confie que c'est encore plus *difficile* qu'avant, quand elle était seule. Non seulement elle n'est pas aussi heureuse qu'elle devrait l'être, mais elle est en proie à des angoisses profondes dont elle ne décèle pas du tout la cause. Pourquoi ces peurs alors qu'elle a enfin « trouvé le bon partenaire » ?

« Depuis le début de ma relation amoureuse avec l'homme qui partage ma vie aujourd'hui, j'ai parfois la sensation qu'il me met la tête à l'envers, et me lance dans le vide en me faisant tournoyer... Je perds alors (forcément) tous mes repères, et, rattrapée de justesse (toujours par lui), je reviens sur terre avec le sentiment que je ne vais pas survivre longtemps à un tel traitement. Que se passe-t-il ? Suis-je aux prises avec les affres d'une relation perverse, à la merci d'un homme qui veut me détruire ? Est-ce que je souffre d'une grave névrose, ou pire ? Pourquoi, avec une régularité implacable, la souffrance et la violence s'immiscent-elles ainsi dans ce qui, par ailleurs, a tout le charme d'un couple civilisé et amoureux ?

Qu'est-ce qui rend pour Anne la relation à l'autre tellement anxiogène ? Pourquoi ne peut-elle pas tout simplement se laisser aller et la vivre en toute confiance : parce que son père ne voulait pas d'enfant, ou parce que sa grand-mère maternelle détestait les hommes ? Entre toutes ces hypothèses, il nous a fallu retrouver un fil directeur pour commencer à trier les éléments de son histoire, avant de pouvoir, petit à petit, comprendre d'où venaient ces peurs et ce profond sentiment d'instabilité générés par la relation.

Le fait d'être en lien provoque parfois une angoisse bien plus insoutenable que la solitude. Parce que cela ramène à une époque plus archaïque, où l'on a été dépendant. Parce que l'autre peut disparaître à tout moment. Parce que rien ne va de soi dans ce domaine. Nous verrons que les circonstances de la naissance et de la première relation à la mère sont déterminantes quant à la capacité d'être là avec un autre dans la continuité et la confiance. Certains s'y sentent tellement fragilisés et mis à nu qu'ils préfèrent éviter la relation à tout prix.

L'autre : piège ?
Mirage ? Illusion ?...

Pour terminer notre tour d'horizon, je vous propose de nous pencher sur une série d'exemples où *l'ambivalence* mène la danse. Ainsi, il nous arrive de demander à l'autre de nous aimer et en même temps de nous ignorer, ou encore de nous rassurer et de nous reconnaître comme libre, émancipé(e), moderne... Cela rend les choses impossibles en permanence, pour lui et pour nous. La place que l'on prend et que l'on donne à l'autre devient alors un ballet improbable et chaotique où l'on passe son temps à se perdre. La relation n'est plus qu'un prétexte à s'enfoncer de plus en plus dans une confusion stérile, où rien ne peut jamais nous satisfaire.

« Dis-moi que tu (ne) m'aimes (surtout pas !) »

Peut-on rester avec quelqu'un *justement* parce qu'il ne nous aime pas ? Pour quoi faire ? À quelle logique obéit-on alors ? Jo, en arrivant en thérapie, était loin de se douter qu'il allait se poser ce genre de questions.

Jo est patron d'une petite entreprise, dans la région parisienne. Il est marié depuis des années, mais son couple ne « va pas bien ». Il ne sait pas vraiment de quand ça date... Peut-être depuis toujours ? Il décrit sa femme comme distante et froide, ne lui témoignant jamais aucune marque d'affection. Il se sent souvent rejeté, et pourtant, il reste avec elle et attend désespérément un geste, une phrase, un élan amoureux... Il vient de rencontrer une autre femme à l'occasion d'un salon professionnel. Ils ont dîné ensemble et il a été sensible à cette femme qui le regardait avec intérêt, peut-être même avec désir et admiration. Il a senti qu'il lui plaisait, pour toutes sortes de raisons et qu'il y avait là une occasion de vivre autre chose, enfin.

Notre travail en commun nous amène à essayer de comprendre pourquoi Jo est toujours avec sa femme, alors qu'il n'est pas heureux et qu'il n'y a aucune raison pour que cela s'améliore... Quitter Andrea ? Jo n'y arriverait pas. Mais pourquoi ? Je le questionne sur les raisons pour lesquelles il est autant attaché à elle. Puisqu'il souffre de ne pas se sentir aimé, n'est-ce pas le moment d'envisager, parmi toutes les hypothèses, de mettre fin à cette relation ? Cette question-là va déclencher chez lui une prise de conscience cruciale : il reconnaît que ce qui lui plaît le plus avec sa femme, c'est justement de ne jamais être totalement sûr des sentiments qu'elle éprouve pour lui... Et ce doute lui-même génère ce qu'il pense être de l'amour pour elle. Cette découverte le surprend profondément. Mais ne fait que le rendre plus amer et découragé. Comment dépasser cette situation dont il se plaint, mais dont il semble tirer des bénéfices, aussi bizarres soient-ils ?

Comment cette dynamique de rejet et de froideur peut-elle exercer autant de pouvoir ? Jo est loin d'être un cas unique. Parfois, se sentir *en trop* dans la relation est la seule place possible. Certains tiennent profondément à ce lien où ils sont ignorés et maintenus à distance, et parfois même relégués à un statut d'indésirable. Ils donnent à cet autre qui les refuse une aura d'autant plus grande que le rejet est puissant… S'agit-il de mettre en scène une piètre estime de soi, à travers une relation qui les nie ? De retrouver une place de souffre-douleur déjà vécue dans l'enfance ? Du seul modèle de couple connu ? Ou, comme pour Jo, d'une situation frustrante certes, mais – nous le découvrirons par la suite –, témoignant en même temps de l'habileté de l'inconscient à fabriquer ses propres réponses à des problématiques familiales non résolues ?

Modernes (mais dépendantes !)

Cécile cherche à rencontrer un homme « vraiment très différent de [son] père », qui a tyrannisé sa mère toute sa vie, un homme plus ouvert, plus féminin, qui la comprenne et la soutienne, qui oserait exprimer ses émotions et, pourquoi pas, qui partagerait tout avec elle. Il faut qu'il soit aussi fort et fiable, qu'il en impose un peu, et idéalement l'entretienne aussi. Ce que Cécile souhaite est totalement paradoxal : une relation entre deux adultes indépendants et une place de petite fille avec un homme dominant.

Christina, quant à elle, est une jeune femme « moderne » : elle m'explique, sans la moindre hésitation, que, pour elle, l'homme doit être comme son père : fort, sûr de lui, viril, intelligent et posé, mais aussi intégré dans son époque, capable de fantaisie et en lien avec ses sentiments : à la fois protecteur *et* alter ego, paternel et féminin... Après m'avoir énuméré toutes les qualités attendues chez son futur mari, elle m'avoue que son ami, rencontré depuis peu, ne correspond pas à ce tableau. Le couple qu'ils forment n'est pas du tout à l'image de ce qu'elle conçoit comme un couple heureux : une relation fusionnelle, où chacun devrait tout savoir de l'autre. Son ami, en effet, semble vivre une vie intéressante en dehors d'elle, ce qui l'inquiète beaucoup. Elle ne supporte pas qu'il n'ait pas *besoin* d'elle pour exister et qu'il s'attende à la même chose de sa part à elle. Ne s'affiche-t-elle pas dès le début comme une femme largement affranchie du statut limitant lié à la condition féminine de ses ancêtres ? Pourtant… dès qu'il fait preuve d'un tant soit peu d'indépendance, elle panique et menace de le quitter. Elle finit par avouer qu'il ne la rassure pas assez !

Aucune des deux n'a envisagé une seconde que leur image de l'homme pourrait entrer en contradiction avec leur discours de femmes modernes, sûres d'elles, qui s'assument totalement et qui l'exigent aussi de l'autre… Le fossé entre ce qu'elles croient être et ce qu'elles recherchent réellement est assez large, mais leur est, pour l'instant, étranger et invisible. Au fond, ce qui ne va pas, c'est « lui », tout simplement ! Et elles m'expliquent avec beaucoup d'aplomb que les femmes d'aujourd'hui méritent quand même d'avoir un partenaire « à leur hauteur » : ce que j'entends comme capables à la fois de satisfaire leurs attentes de petites filles et leurs désirs de femmes libres… Parce qu'elles « le valent bien » ?

Changer de modèle d'homme est probablement le défi du siècle pour beaucoup de femmes. Quitter les schémas relationnels classiques où la femme est valorisée par un homme, regardée comme un objet précieux, sans forcément oser s'avouer que tel est encore son fantasme n'est pas si simple. Cela l'oblige notamment à renoncer à certains privilèges et à sortir d'une représentation d'elle-même comme la petite fille adorée du père. Et si beaucoup cherchent aujourd'hui leur place hors des rôles stéréotypés, nombreuses sont celles qui se perdent en route.

L'accès à ce nouveau type de relation nous confronte à ce qui s'est passé dans les générations précédentes. Et si nous cherchons à nous en affranchir en adoptant des comportements plus libres et moins stéréotypés, les schémas dont nous sommes imprégnés nous ramènent sans cesse à des jeux relationnels beaucoup plus archaïques et moins acceptables pour un être humain « moderne ».

À travers les différents exemples qui précèdent, nous avons pu déceler que derrière la question très personnelle de nos choix amoureux se cachent d'autres questions et d'autres personnages. Tout cela renvoie à une réalité bien plus complexe et plus nuancée, où notre libre arbitre est loin d'être le seul à tirer les ficelles. Entrons maintenant à l'intérieur même de ces dynamiques : à quelles logiques notre parcours amoureux obéit-il plus précisément ? Comment les identifier ? Et que peut-on faire pour ne plus les subir ? C'est ce que nous allons aborder à présent…

TROISIÈME PARTIE

Les rouages de la relation amoureuse

Nous l'avons évoqué aux chapitres précédents : d'une personne à l'autre, le degré de liberté en matière de choix amoureux est extrêmement variable. Certains feront passer les valeurs familiales avant tout et choisiront un partenaire parce qu'il est acceptable dans leur milieu d'origine. D'autres resteront fidèles au couple parental. D'autres encore préféreront régler des comptes plus anciens ou combler des manques… Mais beaucoup resteront au fond plus ou moins prisonniers de contraintes et de conditionnements qui leur échappent et ne réussiront pas à vivre une relation qui reflète véritablement leurs désir et aspirations.

Pour comprendre comment tout cela s'organise et mieux décrypter les logiques à l'œuvre, il nous faut entrer un peu plus profondément dans les *rouages* du lien amoureux. Nous allons donc tenter de saisir ce qui s'y joue, à la fois dans son ensemble, mais aussi dans le détail pour essayer de répondre à la question suivante : comment et auprès de qui avons-nous « appris » à aimer ? En effet, notre conception de l'amour s'enracine dans de multiples éléments dont la plupart nous échappent. Et nous avons besoin d'avoir du puzzle amoureux une vision à la fois la plus vaste et la plus profonde possible afin de voir comment nous nous y inscrivons et quelles conséquences cela peut avoir très concrètement dans nos vies.

L'amour : une architecture complexe

Une composition délicate et subtile

Pourquoi aimons-nous plutôt telle ou telle personne ? Qu'est-ce qui lui donne autant d'importance pour nous ? Pourquoi la faisons-nous entrer dans notre vie ? Le sentiment que nous éprouvons à son égard, quelles que soient sa nature et son intensité, est fait de nombreuses résonances avec notre propre univers intérieur, dont la plupart sont très profondément ancrées dans notre inconscient. Notre imaginaire s'empare de cette rencontre et de ce qu'il aperçoit alors comme potentialités futures. Il nous fait imperceptiblement entrer dans un monde nouveau et nous délivre une promesse qui nous enchante : celle de l'avenir radieux que nous attendons depuis toujours. Mais comment celui ou celle que nous nous mettons à désirer provoque-t-il ces enthousiasmes ? À quel endroit sommes-nous touchés et comment nous devient-il indispensable ?

Car c'est bien de cela qu'il s'agit : cet autre nous saisit là où quelque chose en nous fait écho, d'une façon parfois radicale, évidente et absolue, mais toujours suffisante pour nous pousser à créer un lien. Est-ce une ressemblance ? Une attente particulière ? Mais laquelle ? « De quoi » est fait notre désir ?

En fait nous ne savons souvent pas grand-chose de tout cela ! L'origine même de notre conception de l'amour et de la manière dont il nous mène nous est largement inconnue : nous vivons nos relations dans le feu de l'action sans trop nous interroger sur leurs fondements ou leur raison d'être. D'une part, ce n'est pas si évident de s'y retrouver, face à un tel sujet, et, d'autre part, nous pouvons aussi avoir l'illusion que trop questionner détruirait la spontanéité du sentiment. Nous pensons qu'une trop grande connaissance des choses pourrait nuire à la magie amoureuse. Or, c'est bien souvent *le contraire* qui se passe : plus nous en savons sur nos motivations et nos conditionnements, plus nous sommes en mesure de jouer la partition qui *nous* convient, sans courir le risque de jouer celle de quelqu'un d'autre et de nous éloigner de nous-mêmes.

Les différents « ingrédients » de notre alchimie amoureuse

Nous allons à présent explorer les étapes de construction de notre image de l'amour dès notre arrivée au monde. Nous entrons en contact avec l'autre à partir de multiples éléments qui s'ajoutent les uns aux autres tout au long de notre vie : notre image du couple et de l'amour, les scénarios qui sont censés s'y dérouler pour nous, l'idéal auquel nous aspirons, la place que nous y revendiquons…

Et, bien sûr, notre représentation du couple se nourrit d'autres relations dont l'importance sera capitale pour notre construction psychique : celle du bébé avec sa mère, celle du couple des parents qui souvent constituera notre premier modèle et, enfin, celle de l'enfant dans la triangulation qu'il occupe avec son père et sa mère. S'ajoutent toutes nos croyances inconscientes sur ces questions, nos peurs, nos conditionnements familiaux et collectifs… Dès lors, on peut comprendre que la multiplicité des enjeux nous empêche de « piloter » librement nos trajectoires !

Jusqu'où nos choix sont-ils vraiment les nôtres ?

La toute première question qui surgit est la suivante : qui choisit lorsque nous entamons une relation ? Jusqu'où nos choix sont-ils vraiment les nôtres ? Quelle partie de nous décide ? Pour quels motifs ? Pourquoi à ce moment précis de notre vie ? À quelles influences sommes-nous soumis ? Et pourquoi celles-ci précisément ? Nous pouvons le vérifier autour de nous : tout cela nous échappe même si nous n'aimons pas nous l'avouer. Bien sûr, nous avons l'impression de faire des choix personnels : tel âge, tel milieu, telle caractéristique physique, tel comportement nous plaisent plus que d'autres. Nous avons donc bien tous – en apparence – la possibilité de décider de ce qui nous convient le mieux, en fonction de nos propres critères. Mais, au fond, même cela ne dépend pas uniquement de nous et s'enracine aussi ailleurs, dans d'autres histoires qui nous précèdent et contribuent à faire de nous ce que nous sommes, en termes de valeurs, de construction psychique, de rapport au monde, de conception de la vie. Il s'agit d'abord de rencontrer cet « ailleurs » et de questionner la manière dont il nous habite au quotidien.

Nous allons découvrir que nos engagements amoureux témoignent d'une capacité imaginative et d'une adaptabilité que nous ne soupçonnons pas. Nous y élaborons – sans le savoir – des stratégies complexes au service de missions inconnues, très différentes pour chacun de nous. Lesquelles ? La troisième partie de cet ouvrage nous permettra de saisir l'ampleur de ce qui se joue réellement lorsque nous tombons amoureux…

Les fondements de notre « couple intérieur »

Pour commencer notre exploration, je vous propose de partir à la rencontre de votre couple intérieur. Il est important que vous compreniez d'abord comment l'image du couple s'élabore en vous, depuis votre naissance et au fil de vos expériences, mais aussi *avant vous*. Au fil des générations, masculin et féminin se sont côtoyés, cherchés et combattus dans un ballet ininterrompu et parfois chaotique.

Même si l'amour se vit à deux, il se décline nécessairement à partir de *notre* image interne du couple et de ce qu'elle entraîne pour chacun de nous. Qu'attendons-nous de la relation ? Quelle place souhaitons-nous y occuper, comment, avec qui et pour faire quoi ? Ainsi, le couple, avant de se mettre en scène à l'extérieur, commence par se constituer petit à petit à l'intérieur de nous, dans notre « petit théâtre privé ».

Nous avons tous une idée de ce que *devrait* être un couple, même si nous ne le vivons pas toujours comme nous le souhaitons… Mais *d'où* vient cette idée ? Comment s'est-elle construite au fur et à mesure de notre parcours ? De quels matériaux est-elle faite ? Qui participe à son élaboration et comment ? Quel est l'élément prépondérant ? Qu'est-ce qui, dans cette composition vivante, faite de toutes sortes d'expériences depuis la naissance, et même peut-être largement héritées, peut nous donner une chance de réussir notre vie amoureuse ? Ou, à l'inverse, nous mettre les bâtons dans les roues en nous maintenant dans des schémas, des attentes, des illusions dont nous ne pouvons sortir ?

Lorsque je commence à travailler avec des patients sur cette question, ils sont parfois surpris. L'idée que tout cela commence dès leur conception, et même avant eux, les étonne. Cela leur ouvre bien sûr des perspectives nouvelles qui leur font immédiatement faire des liens avec leur histoire. Ils perçoivent alors, mieux qu'avant, comment et pourquoi celle-ci attire comme un aimant une série d'événements et de rencontres.

Un modèle de poids : le couple parental

Notre tout premier modèle de couple est le plus souvent celui de nos parents. Les circonstances et modalités de leur rencontre font partie de leur sphère privée et leur histoire leur appartient. Mais nous en sommes aussi partiellement « dépositaires » : nés de leur union, nous avons presque toujours participé à une vie commune avec eux. Nous avons été témoin d'une part de leur intimité. Quelle était la qualité de leur interaction ? La nature de leur lien ? Qu'est-ce qui a motivé leur envie d'être ensemble ? La manière dont chacun y a pris sa place dans une réciprocité plutôt harmonieuse, dans l'affrontement permanent, ou dans l'indifférence par exemple, laisse toujours des traces. Le modèle semble parfois parfait. Il nous obligera alors peut-être à nous inscrire dans son sillage et à chercher à atteindre un idéal inaccessible. D'autres fois, nous aurons à cœur d'inventer un type de relation tout à fait inédit pour éviter de reproduire des schémas qui ne nous font pas envie… Mais tenter de comprendre comment le couple de nos parents influence notre propre comportement amoureux est une étape incontournable avant d'aller plus loin.

Frédéric le clame depuis le début de son travail thérapeutique : il a eu des parents « parfaits » qui s'entendaient à merveille. Le couple était *la* référence de la famille qui s'enorgueillissait de leur union. Jamais de remous, jamais aucune dispute : tout semblait toujours contrôlé et lisse. Pour leur fils, rien n'est venu ternir ce tableau idyllique, du moins en apparence. Frédéric s'est senti obligé de reproduire le même genre de relation. Il a donc choisi sa femme avant tout pour recréer ce couple policé, sans histoires, où chacun ne se montre qu'en surface. Au fil du temps, il a commencé à éprouver un malaise, comme s'il avait le sentiment que quelque chose sonnait faux. Et pour cause : il avait reproduit le modèle parental sans se préoccuper le moins du monde de ses propres désirs…

Il n'imagine pas d'autre modèle de couple possible que celui de ses parents. Ce n'est peut-être pas la relation « idéale », mais elle représente pour lui un repère de stabilité et d'équilibre et, surtout, défend les valeurs de son milieu. Ce qui compte n'est pas tant d'y être heureux, compris ou épanoui que de donner une image de bienséance raisonnée, calibrée et durablement prospère. Tout ce qu'on y vit doit se conformer aux règles d'une société très codifiée. Faire comme les autres est la seule voie possible, au détriment d'aspirations plus singulières qui doivent rester cachées, voire refoulées, sinon Frédéric risquerait d'être sévèrement réprimandé, exclu, voire banni d'une famille qui tient avant tout à préserver les convenances.

Il se doit donc d'être irréprochable s'il veut conserver sa place de fils convenable et satisfaisant. Pas question pour lui d'envisager une autre conception du couple. Que faire alors de ce qui émerge en lui de « différent » ? Peut-il le nier aussi facilement qu'il le souhaiterait ? La dépression qu'il traverse lui montre pourtant bien à quel point cette solution est dangereuse pour lui car elle le mène à se couper d'une partie importante de lui-même : en d'autres termes, à se trahir et à en subir les conséquences désagréables. Il a longtemps choisi d'être dans la norme, tout simplement parce que son système de références a été construit selon un scénario écrit d'avance : celui qu'il avait sous les yeux dès sa plus tendre enfance. En changer serait dangereux pour lui car il perdrait pendant un temps tous ses repères.

L'influence du couple parental n'est pas la même pour tous. Lorsqu'elle se révèle être un modèle limitant, notamment en interdisant implicitement tout choix réellement personnel, la question risque de ressurgir, et quelquefois d'une façon brutale, comme ce fut le cas pour Frédéric. Il lui a fallu un travail assez long pour mettre au jour l'ensemble des injonctions familiales, avant qu'il puisse s'autoriser une solution plus appropriée, tenant compte de sa singularité.

Voyons à présent comment, à l'inverse de Frédéric, les parents de Jo lui donnent un modèle de « non-couple », dont l'influence est d'ailleurs tout aussi marquante que dans notre exemple précédent :

Jo, lui, se remémore le couple de ses parents comme deux personnes vivant chacune dans leur monde. Il retrouve des images de son père cherchant à tout prix à intéresser sa mère, en vain. Rien ne déridait jamais cette femme triste qui passait son temps à se plaindre et à se rebiffer contre les avances de son mari. Jo perçoit à quel point il s'est coulé dans le rôle de celui qu'on rejette, qui n'est jamais celui qu'on voudrait... Il comprend qu'il se remet en scène à l'image de ce père qu'on désigne comme un intrus, tout en cherchant à travers sa femme à être *enfin* reconnu. En fait, ce n'est pas tant la relation elle-même qui compte pour lui, que cette sensation délicieuse d'angoisse et de manque. Elle fait de lui un petit garçon en quête d'un amour maternel, tout-puissant, donnant ou pas une place à l'autre, en fonction d'une décision tout à fait arbitraire.

Il a reproduit ce schéma relationnel sans réellement en avoir conscience jusqu'à maintenant. Mais le moment est venu pour lui de s'y confronter pour en sortir. Car si Jo est en thérapie, c'est bien parce qu'il se cherche une place plus personnelle et plus singulière, loin de ces fonctionnements parentaux très insatisfaisants et pour le moins archaïques où personne n'est vraiment heureux. « Mais si mon père n'a pas eu de place, est-il possible que j'y aie droit ? » me dit-il.

Un couple, deux lignées...

L'enfant qui naît est bien évidemment l'héritier de deux lignées. Celles-ci peuvent se rejoindre et partager les mêmes valeurs, mais ce n'est pas toujours le cas. Parfois, on peut avoir entendu deux types de discours assez différents et plus ou moins compatibles, ou, pour certains, totalement étrangers et antinomiques. Il arrive aussi que les parents se rejoignent sur un certain nombre de choses et s'opposent à d'autres niveaux. Chaque enfant, en grandissant, devra donc trouver sa place au sein de ce ballet : il sera en permanence sollicité par ce qui se joue sur la scène familiale. Comment va-t-il réagir, compte tenu de sa propre personnalité ? Va-t-il prendre parti ? Comment va s'établir sa hiérarchie des valeurs ? Et comment va-t-elle influencer son propre couple, plus tard, dans sa vie d'adulte ?

Xavier est l'ex-compagnon de Catherine avec qui elle a vécu quelques années. Cet homme plus âgé qu'elle semble, au départ, avoir parfaitement réussi sa vie. Leur relation démarre sur un mode romantique et passionné. Puis, petit à petit, il commence à la critiquer et la dévaloriser, principalement sur le plan matériel : elle « dépense trop, ne sait pas gérer la vie quotidienne ». Bref, tout ce qu'elle fait le crispe et lui donne envie de jouer les gendarmes. En fait, elle est tout simplement moins économe et ne prend pas en compte le besoin qu'il a de tout contrôler. Bien sûr, les relations entre eux deviennent conflictuelles et ils finissent par ne plus se supporter.

Pourquoi Xavier se retrouve-t-il avec une femme comme elle, alors qu'elle incarne exactement tout ce contre quoi il s'insurge ? Cela semble totalement illogique, pourtant certains éléments de son passé nous permettent d'entendre les choses autrement. Xavier reconnaît volontiers qu'il a hérité à la fois de sa mère et de son père un certain nombre de caractéristiques, mais aussi de leurs positions antagonistes. Autant son père est inscrit dans une conception de la vie privilégiant le devoir et le sacrifice, autant sa mère est fantasque, fantaisiste et profondément à l'écoute de ses désirs. Enfant unique, il a vécu au milieu des deux, cherchant à faire la jonction entre eux, allant facilement de l'un à l'autre pour qu'ils communiquent un tant soit peu. Aujourd'hui, il ne sait plus très bien où il en est entre ces deux conceptions de la vie très opposées qui lui ont été transmises en même temps. Et il sent très souvent à quel point ce tiraillement intérieur a compliqué et largement envenimé ses relations avec Catherine.

Il comprend qu'il a d'abord incarné le modèle paternel en choisissant cette partenaire plutôt artiste et excentrique qu'il lui fallait cadrer et protéger. Un jour, cette situation a commencé à lui peser. Jouer les rabat-joie en permanence, être celui qui gère le budget et empêche toute frivolité n'a fait que créer, entre eux, un fossé de plus en plus grand. Pourtant, quelque chose en lui ne pouvait tout simplement pas faire autrement... Xavier a commencé comme beaucoup d'hommes par vouloir « épouser sa mère », mais aussi, de façon plus souterraine, le conflit qui opposait ses parents.

Inaccessible : le couple « mythique »

Patrick le sent depuis toujours : ses parents ont vécu une histoire d'amour « exceptionnelle ». Son père a rencontré sa mère à son retour d'un camp où il avait été fait prisonnier en Allemagne, lors de la fin de la Seconde Guerre mondiale. Cet homme était pratiquement au seuil de l'extinction physique et psychique. Il ne croyait plus en rien. Il avait eu du mal à accepter cette femme beaucoup plus jeune, entrée dans sa vie sans qu'il y prête attention, et qui, doucement, était venue le chercher. Le mariage s'était fait presque malgré lui, et lui avait rendu la vie. Petit à petit, il était tombé amoureux de sa femme qui symbolisait un bonheur auquel il avait un temps cessé de croire.

Lorsqu'il évoque ses parents, Patrick ne peut s'empêcher d'être un peu amer : pour lui, le lien entre eux était plus important que tout. Les deux fils nés rapidement après leur mariage comptaient énormément pour eux, bien sûr. Mais on sentait qu'ils s'aimaient avec une intensité particulière : celle des gens qui ont frôlé le pire et en sont sortis vivants. Personne ne pouvait se glisser à l'endroit de leur histoire où ils avaient tissé cette renaissance, ce moment où leur père presque anéanti avait rebasculé dans le vivant.

Pour Patrick, comme pour d'autres membres de la famille, cette union est devenue le symbole du couple mythique. Il sent bien que pour lui cela place la barre très haut : comment créer une relation aussi romantique, aussi belle, aussi profondément vivante ? Rien de ce que l'on fera ne sera jamais « à la hauteur ». Quelle femme pourrait lui permettre d'accéder à cet idéal incarné par ses parents ? Il la cherche en vain depuis des années…

Et vous ? De quelle alliance venez-vous ? Quelle image avez-vous du couple parental ? Qu'est-ce que ces deux personnes vous ont transmis sur la relation amoureuse ? Un exemple à suivre ou à quitter ? Une source d'inspiration ou de confusion ? En quoi cela a-t-il influencé vos choix amoureux ? Y retrouvez-vous le fonctionnement de votre propre couple, par exemple ?

Il ne s'agit bien sûr pas de suivre à la lettre la relation qu'ont créée nos parents, mais plutôt de discerner ce que nous y avons appris et comment tout cela nous a conditionnés. Quelle est notre version ? Car ce qui compte, c'est bien ce que nous allons en faire et comment nous allons pouvoir nous en servir pour avancer sur notre propre parcours avec un peu plus de lucidité.

Masculin/féminin : nos « premiers partenaires »

Le sujet du couple parental nous amène tout naturellement à évoquer une autre alliance plus indirecte mais tout aussi importante : celle qui existe entre les deux polarités que nous portons tous en nous, que nous soyons homme ou femme : le masculin et le féminin. Quelle place donnons-nous à l'une et à l'autre ? Quelle relation entretiennent-elles et quelles conséquences cela peut-il avoir sur nos relations ?

Il est plutôt rare que les patients entament un travail thérapeutique pour analyser leur vie sous cet angle. Pourtant, immanquablement, je suis toujours amenée à un moment ou un autre à explorer avec eux cette question essentielle dont ils ignorent souvent les répercussions directes sur leurs relations amoureuses. De façon générale, les femmes ont peut-être une petite longueur d'avance sur ce sujet.

Mais cela risque fort de changer dans les années qui viennent. Les hommes, en effet, sont de plus en plus nombreux à s'interroger sur leur part féminine…

Commençons par réfléchir à l'utilité de poser les choses en ces termes. Avant tout, définissons ce que cela veut dire. Masculin et féminin : ces deux mots peuvent évoquer des significations très différentes d'une personne à l'autre et varier également en fonction des contextes. D'un point de vue biologique, par exemple, les choses sont assez simples : nous savons que nous sommes femmes ou hommes, et notre identité sexuée nous est – en principe – parfaitement connue. En revanche, sur un plan plus intérieur, symbolique ou psychique, le sujet est moins facile à circonscrire.

En réalité, chacun de nous se construit à travers une combinaison subtile de ces deux principes, dosés et « utilisés » de façon très personnelle. Aujourd'hui, être une femme ou être un homme ne se limite pas à une série de caractéristiques univoques, mais ressemble plutôt à une composition changeante de flux, qui communiquent entre eux plus ou moins bien. Or, peu sont réellement attentifs à ces aspects de leur personnalité et encore moins nombreux ceux qui tentent d'établir une connexion vivante avec ces derniers et d'en comprendre le fonctionnement et les conséquences. L'idée même que tout cela pourrait avoir un lien avec ce qui leur arrive, notamment dans le domaine amoureux, leur est très souvent totalement étrangère. Et pour cause : comment peut-on entrer en contact avec quelque chose qui ne se voit pas ? Une partie de la réponse se trouve tout naturellement du côté de la psychanalyse…

L'approche jungienne : une lecture incontournable

Impossible d'évoquer ces thèmes sans faire un détour approfondi par la psychologie analytique de C.G. Jung. Ce dernier, à travers une œuvre considérable, riche, complexe et souvent largement méconnue en France, nous permet de saisir toute l'importance de ces archétypes du masculin et du féminin, leurs dynamiques et la puissance de leur impact sur notre vie psychique et relationnelle. Quels sont ces apports conceptuels et comment peuvent-ils nous guider à travers notre exploration de la relation amoureuse ?

Commençons par nous confronter à une de nos erreurs les plus courantes en amour : celle de penser que nous ne sommes que deux. En fait, nous sommes *au moins* quatre. Car, outre les deux protagonistes principaux (moi et l'autre), tapis dans l'ombre, se cachent deux autres figures, très précisément liées à ces polarités du masculin et du féminin, et qui, à leur façon, tentent, elles aussi de prendre part à la relation. Souvent, on ignore leur existence et on passe à côté durant toute la vie. Elles ne disparaissent pas pour autant. Certes, leur pouvoir et leur influence sont invisibles. Mais elles n'en tirent pas moins les ficelles chaque fois que nous tombons amoureux. Qui sont ces personnages ? Que cherchent-ils précisément ? Quelle est leur fonction, leur utilité ?

L'apport théorique de Jung nous apprend que notre moi, la partie consciente de notre personnalité, se double d'une contrepartie inconsciente du sexe opposé au nôtre. Autrement dit, l'homme possède une part féminine – que Jung nomme l'*Anima* – qu'il méconnaît la plupart du temps. Il en va de même pour la femme, qui dispose, elle, d'une part masculine – nommée *Animus* –, qui lui est tout aussi étrangère. Ainsi, il existe un « autre » en nous, masculin ou féminin, qui nous complète dans l'inconscient. Il est un véritable « partenaire intérieur », doté d'une vie propre, parallèle à la nôtre, qui suit sa logique et poursuit ses objectifs.

Catherine est à la recherche d'un homme atypique, hors du commun. Ce n'est pas juste une préférence, mais une aspiration profonde. De quoi parle-t-elle ? Pourquoi lui donner autant d'importance ? Qui est ce personnage qu'elle essaie de rencontrer à l'extérieur et dont elle porte l'empreinte précise à l'intérieur d'elle-même, comme « déjà inscrite dès le départ » ? Catherine est tout simplement face à l'*Animus*, qu'elle porte depuis toujours en elle, mais dont elle ne connaît pas l'existence. Ce sont ses propres caractéristiques masculines qu'elle souhaite à tout prix rencontrer chez ses partenaires sous les traits d'un homme singulier, novateur et indépendant. Mais c'est bien avant tout d'elle qu'il s'agit, même si elle l'ignore.

Un mécanisme de toute première importance : la projection

Nos parts masculines et féminines, *Animus* et *Anima*, existent en chacun de nous dès la naissance. Puisqu'elles nous sont invisibles, il va d'abord leur falloir s'incarner sous une forme extérieure à nous, pour que nous puissions les discerner de mieux en mieux. Ainsi, progressivement, elles vont émerger, « prendre chair » à travers la rencontre avec les tous premiers autres qui entrent dans notre vie : père et mère, en général. Le masculin, par exemple, sera projeté sur le père, ou celui qui en tient lieu, sur les frères, grands-pères, cousins, oncles et tous les hommes qui nous entourent. Comment cela fonctionne-t-il concrètement ? Tout simplement comme un support externe sur lequel une partie de nos caractéristiques inconscientes vont se « transférer » sans que notre volonté y intervienne en quoi que ce soit. La réalité nous renverra alors sous les traits d'un autre ce qui nous appartient d'abord et avant tout. C'est ce que l'on appelle « la projection ».

Ce mécanisme inhérent à la vie psychique a été mis en lumière par Freud, et repris notamment dans la psychanalyse jungienne. Pourquoi est-il aussi important ? D'abord, il nous permet de prendre contact avec une idée fondamentale : ce que nous voyons chez l'autre n'y est pas toujours *réellement*. Cette donnée, lorsqu'elle est intégrée dans la vie relationnelle, permet de clarifier considérablement une grande partie des relations entre les hommes et les femmes.

Cela nous aide ensuite à comprendre comment nous avons mis en scène ces facettes de nous-mêmes que nous ne connaissons pas. Nous saisissons de cette façon que l'ensemble de notre vie affective se joue d'abord *à l'intérieur de nous*, en organisant nos relations selon un certain schéma très précis : nous projetons en permanence qui nous sommes dans le monde extérieur, sous des formes qui nous deviennent ainsi perceptibles et avec lesquelles nous allons entrer en contact de façon récurrente sous les traits de nos différents partenaires.

Reconnaître et accepter nos personnages intérieurs

Anima, Animus : questionnez les gens autour de vous et vous verrez qu'ils sont très loin de savoir de quoi il est question. Ces deux facettes sont pourtant constamment à l'œuvre dans nos vies et il est très utile d'apprendre à reconnaître leurs manifestations. Observez les femmes de votre entourage, par exemple : leur façon de parler, de se positionner, leurs avis, la manière dont elles réfléchissent par elles-mêmes ou, au contraire, émettent des jugements très tranchés sur les choses comme si elles étaient possédées de l'intérieur par leurs certitudes témoignent de leur *Animus* en pleine action. Il en va de même pour les hommes, bien sûr : leurs *Anima* sont détectables à travers leurs humeurs, leur tendance à s'emballer, ou leur manque d'entrain…

La mise en lumière de ces facettes organisatrices qui structurent notre psyché se fait naturellement au fur et à mesure que nous avançons dans la vie. Ses différents « figurants » vont donc chercher à se révéler à nous, en commençant par s'incarner chez ceux que nous rencontrons. En revanche, *s'approprier* complètement ces facettes de l'*Anima* et de l'*Animus* et en devenir pleinement conscient est une toute autre histoire… D'abord cela requiert de nous envisager comme une totalité dont nous ne connaissons pas tout, ensuite, de cesser de considérer que c'est notre volonté et notre raison qui dirigent notre vie. Cela ne va pas de soi dans un monde comme le nôtre, construit sur une logique inverse, rationnelle et cartésienne. Il nous faut d'abord passer par l'acceptation du monde intérieur et de ses exigences.

Par ailleurs, nous ne sommes pas réellement tous égaux quand il s'agit de faire alliance avec l'invisible et il semble que les femmes accèdent plus facilement à leur intériorité que leurs homologues masculins. Il est clair que rien dans la société actuelle ne facilite la rencontre de l'homme avec sa part féminine ! Le personnage est relégué tout au fond de l'inconscient et se matérialisera avant tout à travers les différentes partenaires rencontrées… C'est ce qui est

84

arrivé à Emmanuel et ce qui lui a permis de progresser dans le dénouement de son histoire. Souvenez-vous de cet homme « malmené » par une jeune femme tyrannique, dont il ne comprenait pas ce qu'elle venait faire dans sa vie ni comment elle pouvait exercer sur lui une telle emprise.

Emmanuel est tout sauf un homme « fantasque ». Il se présente depuis le début comme un cadre sérieux, fiable, réservé et timide. Il est soucieux d'incarner des valeurs familiales de respect du travail, d'humanité et de discrétion. Sa rencontre avec Irina, cette jeune Slave, exubérante et démesurée, même si elle s'est finalement soldée par une séparation, lui a ouvert les yeux sur lui-même. Car si cette femme a eu un tel pouvoir sur lui, c'est parce qu'à un endroit il s'est reconnu en elle. Il a pu, aussi étrange que cela puisse paraître, comprendre qu'elle incarnait dans la réalité une des composantes de son *Anima*, avec laquelle il lui était impensable de se relier. Impossible pour lui d'accepter cette interprétation avant de longs mois.

Or, un jour, au détour d'une séance, il a avoué que ce côté flamboyant et irrationnel qu'il pouvait exprimer avec elle, au travers de leurs violentes querelles et du côté tragique de la relation, lui manque plus que tout. Nous avons alors pu prendre le temps d'explorer cette facette un peu étrange, totalement inconnue jusqu'alors, condamnée à rester cachée, inutilisée. Nous lui avons donné un nom et l'avons apprivoisée petit à petit. Nous avons compris comment elle opérait dans sa vie sous les traits d'Irina. Ainsi, le sens de cette rencontre-là a pu émerger, petit à petit et venir éclairer une expérience qui n'avait jusque-là que des connotations absurdes et dramatiques.

Les différentes figures de l'*Anima* et de l'*Animus*

La prise en compte minutieuse de ces personnages intérieurs se révèle d'une grande utilité lorsque l'on examine les problématiques de couple. Nous avons besoin de retracer précisément l'historique de la relation que chacun a construite avec eux pour en évaluer l'impact sur les relations amoureuses. Commençons par un examen détaillé de ces facettes, de leurs spécificités et de la façon dont elles ont été projetées « au hasard » de nos rencontres.

Retracer l'histoire depuis le début

Nous allons comprendre comment le processus se déroule à travers l'exemple de Catherine. S'il est toujours différent d'une personne à l'autre en fonction des singularités de chacun, on peut suivre le même fil de questionnement avec tout le monde. Il s'agit de discerner comment l'*Animus,* chez une femme, s'est construit petit à petit et à quoi il peut ressembler. Quelles ont été ses sources d'inspiration, ses différents modèles ? Comment cela s'est-il répercuté dans le réel à chaque étape du parcours amoureux ? Nous allons ainsi analyser le lien entre ces figures archétypiques et ce qui se passe dans la vie. (Les étapes du questionnement qui concernent ici l'*Animus* seraient exactement les mêmes chez un homme qui analyserait son *Anima*.)

Si le phénomène de la projection est simple à appréhender et qu'il va largement en être question dans ce qui suit, il ne faut cependant pas oublier que l'*Anima* et l'*Animus* sont des figures inconscientes, complexes et qu'elles peuvent par conséquent revêtir de multiples costumes ! Autrement dit, il est rare que nous ne possédions qu'une version unique de ces personnages dans notre psyché : ils sont le plus souvent composés d'un assemblage de plusieurs visages…

Catherine entame avec moi une analyse plus approfondie de l'*Animus* pour saisir de quoi il est question dans sa problématique. En explorant ce thème en détail, elle va petit à petit se découvrir un masculin plus nuancé que ce dont elle avait conscience jusque-là. Elle va discerner, outre le côté original qu'elle s'attend à trouver chez son futur partenaire, un aspect très différent dont elle n'avait pas conscience : critique, dévalorisant et fondamentalement négatif. Comment avons-nous progressé dans cette mise en lumière ?

Nous avons commencé notre analyse en partant de sa figure « idéale ». Sachant qu'elle a, au départ, très naturellement projeté son *Animus* sur son père, nous avons étudié comment celui-ci a pu, ou non, incarner cette projection. A-t-il été un bon « support » ? En fait, il ne jouera pas du tout son rôle à ce niveau-là : trop mal dans sa peau, timoré, anxieux et profondément névrosé, il faillira à incarner cet homme dont Catherine rêve, capable de porter haut et fort des valeurs de liberté, de singularité et d'indépendance… Il aura d'ailleurs beaucoup de mal à prendre cette place de père et leur relation deviendra vite distante, crispée, contrainte. L'*Animus*, puisant dans cette expérience, se doublera alors d'une composante « désagréable » que Catherine intériorisera sans s'en apercevoir sous les traits du « rabat-joie ». Elle « stocke » ce personnage dans l'inconscient en lui assignant l'étiquette suivante : « tout le portrait de mon père »...

Cherchant alors un modèle plus positif pour façonner son *Animus* en construction, Catherine se tournera très vite vers son grand-père maternel : un aventurier énergique, un homme puissant et brillant. Ces deux hommes fondamentalement différents incarneront dès lors pour elle deux types d'hommes totalement opposés. Cette séparation radicale la maintiendra d'ailleurs dans un clivage assez marqué : d'un côté l'*Animus* libre, audacieux, intrépide et novateur et de l'autre l'*Animus* « rabat-joie » qui enferme, prive, critique et dévalorise.

L'extérieur, reflet de l'intérieur

Vous l'avez compris : tout cela sera déterminant dans nos choix de partenaires. Il nous faudra trouver des personnes réelles que nous allons soigneusement habiller – souvent sans le savoir – de caractéristiques qui sont *les nôtres*. Naturellement, moins nous connaissons nos propres archétypes, moins nous les reconnaissons lorsqu'ils se manifestent chez autrui. Et ce d'autant moins que certains de leurs traits de caractère nous déplaisent profondément...

Catherine évoque sa relation avec Xavier comme une des plus conflictuelles qu'elle ait jamais connues. Chaque fois qu'elle manifestait de l'enthousiasme pour quelque chose qui lui faisait plaisir, il s'empressait de la disqualifier par des remarques méprisantes et hostiles. Elle avait donc fini par comprendre qu'il ne supportait pas chez elle ce côté spontané et ce goût du risque avec lesquels elle appréhendait naturellement la vie. Mais, de son côté, pourquoi avait-t-elle justement choisi *cet homme-là* ? Celui qui ne la soutiendrait jamais dans ce qu'elle était vraiment, comme si elle lui était profondément insupportable ?

Une des hypothèses que nous avons pu formuler, et de loin la plus éclairante pour elle, est que ce personnage remettait en scène le fameux « rabat-joie » de son théâtre intérieur : la facette la plus négative de l'*Animus* avec laquelle Catherine n'avait jamais voulu se relier en aucune façon. À partir de là, toute son histoire devient beaucoup plus compréhensible et lisible pour elle...

En fait, Catherine avait fini par détester ce père centré sur lui-même, incapable de la moindre générosité. Cette figure parentale avait insufflé à son *Animus* une tendance critique, dépréciative et volontiers cassante. Depuis lors, une guerre faisait rage à l'intérieur d'elle-même. Ce personnage avait été mis au rebut comme un ennemi à détruire. Et à l'extérieur, il refaisait surface régulièrement sous les traits d'un moralisateur cherchant sans cesse à la dénigrer dès qu'elle entreprenait quelque chose qui lui faisait plaisir. Le mécanisme de projection était ainsi à l'œuvre et détruisait petit à petit chacune de ses relations selon le même schéma. Au bout d'un moment, l'autre, au détour d'une phrase, d'un regard critique ou d'une manifestation de retrait, endossait le costume de l'empêcheur de tourner en rond. Il savait nécessairement mieux qu'elle comment faire, et Catherine passait ainsi son temps à se battre contre ses partenaires. Mais, en définitive, c'était bien avec elle-même qu'elle était profondément en conflit.

Ainsi divisée dès le début de sa vie entre deux facettes du masculin, elle remettra constamment en scène ce clivage dans sa vie relationnelle : elle rêvera d'un homme libre, indépendant, qui serait son allié. Elle projettera la facette la moins agréable sur les hommes qu'elle rencontrera. Ceux-ci lui donneront l'occasion de mettre en scène ce conflit, en la confrontant constamment à un personnage limitant et désapprobateur qu'elle finira par détester... Elle ira même jusqu'à le rencontrer chez ses supérieurs hiérarchiques, ce qui rendra sa vie professionnelle tout autant conflictuelle. Ce cercle vicieux a fonctionné jusqu'au jour où elle a cherché à éclairer sa propre part de responsabilité...

90

Ce qui est vrai pour elle l'est aussi pour chacun de nous. Si nous cessons de considérer que notre problème vient du ou de la partenaire qui nous rend la vie difficile, si nous acceptons de nous réapproprier enfin ces personnages intérieurs et leurs caractéristiques, y compris celle qui nous plaisent le moins, nous pourrons le laisser libre d'être ce qu'il est et le rencontrer avec d'autant moins de préjugés et de projections. La relation en deviendra plus léger, moins encombrée de contenus qui n'ont rien à y faire… L'accompagnement d'un regard extérieur peut-être une aide précieuse pour y voir plus clair.

Une méconnaissance dangereuse

Sinon, que se passe-t-il ? Le fait d'ignorer ces composantes de notre psychisme ou de les considérer comme des formes totalement étrangères à nous peut parfois se révéler risqué. Car plus une tendance disparaît dans l'inconscient, plus la pression qu'elle doit exercer pour remonter à la surface devient violente. Ainsi, nos attirances irrépressibles ne sont souvent qu'un moyen déguisé de la psyché pour attirer notre attention sur ce que nous avons négligé chez nous et qu'il est urgent de réintégrer. La fascination est alors à la hauteur du refoulement…

Les amis d'Emmanuel sont formels : tout était annoncé depuis le début. Ils l'avaient mis en garde à maintes reprises contre Irina qu'ils jugeaient toxique pour lui. Et pourtant quelque chose en elle l'a attiré et l'a poussé à tenter l'expérience, tout en sachant qu'il allait souffrir. Pourquoi ? Tout simplement parce qu'il n'avait pas le choix. Mise de côté depuis trop longtemps, sa part féminine devait trouver un moyen de faire irruption dans sa vie.

Jusque-là, il avait tenté de tout gérer de façon raisonnable, sans jamais prendre de position subjective ni se laisser envahir par des émotions non maîtrisables. Certes, son existence était bien réglée, mais quelque chose en lui restait latent, comme si rien n'était véritablement « irrigué ». Il obéissait à une mécanique bien huilée, mais totalement prévisible. Il s'ennuyait donc ferme, tout en étant parfaitement en sécurité.

Son *Anima*, néanmoins, ne l'entendait pas de cette façon. Elle ne pouvait se manifester nulle part. Cette partie beaucoup plus irrationnelle et chaotique, et en même temps porteuse d'énergie créatrice et vivante, se voyait systématiquement reléguée aux oubliettes. Il fallait qu'elle se fasse enfin reconnaître, au prix d'une violence incontrôlée. Quoi de plus approprié qu'une rencontre dévastatrice avec une femme qui lui permettrait de se manifester enfin dans la vie d'Emmanuel, le confrontant directement à lui-même avec toute la fureur d'un personnage nié depuis trop longtemps ?

Anima, Animus et... généalogie

Mais l'histoire ne s'arrête pas là… Nous pouvons aussi essayer de comprendre comment ces partenaires intérieurs ont été vécus dans les générations précédentes. Comment les hommes de la famille ont-ils, par exemple, réussi à se relier à l'*Anima* ? Les femmes ont-elles pu développer avec leur *Animus* une relation positive ? Rien n'est moins sûr : car chez nos ancêtres, et déjà à l'époque de nos parents, tout cela passait inaperçu. Personne ne se préoccupait de ces questions relatives au masculin et au féminin. Les rôles étaient souvent très délimités et ne suscitaient pas les mêmes interrogations qu'aujourd'hui.

Nous héritons de tout cela. La manière dont chaque personne de notre arbre généalogique a intégré cette question fondamentale hante encore aujourd'hui la plupart de nos relations amoureuses.

92

Comment repérer son type d'*Animus* ? Regardez autour de vous quels hommes vous attirent particulièrement. Quels sont ceux que vous admirez ? Ont-ils des caractéristiques communes ? De la même façon, si vous êtes un homme, quelles sont les femmes qui vous plaisent ? Quelles sont les caractéristiques qui vous fascinent chez vos partenaires ? Pouvez-vous dégager un modèle unique ? Vous est-il possible de reconnaître que tout cela existe aussi en vous ? Est-ce que cela éclaire certaines des relations que vous avez vécues ? Certaines vous ont-elles permis de prendre contact avec vos personnages intérieurs ?

Le lien mère-enfant : la première histoire d'amour

Le berceau de notre vie relationnelle

Pour chacun de nous, c'est toujours par cette relation-là que tout commence : ce qui s'y passe dès la conception structure l'ensemble de notre vie affective et la marque profondément. Rien de ce qui se joue entre le bébé et sa mère ne sera oublié : refoulé souvent, mais toujours à l'œuvre quelque part au fond de l'inconscient. Toutes les formes de lien prennent leur source dans ce qui a été vécu et échangé sur les plans physique et psychique dans cette interaction. Pourquoi est-ce si important et comment cela peut-il influencer nos choix amoureux d'adulte ?

Cette relation nous ramène à deux notions fondamentales : l'accueil que nous avons reçu et la place qui nous a été donnée à travers le regard de l'autre. A-t-il été disponible, aimant ou, au contraire, froid, indifférent, rejetant, ou les deux, tour à tour ? Tout cela dépend de l'humeur de la mère, de ses conditions de vie, de son état psychique, de ses relations à son partenaire et, bien sûr, de sa capacité à assumer la fonction maternelle. Cette dernière puisant largement dans son expérience de bébé avec sa propre mère…

Tout ce que nous venons d'évoquer s'amalgame très tôt dans le psychisme de l'enfant et participe à sa construction inconsciente. Chacun de nous devenu adulte aura souvent tendance à remettre en scène une partie de ces éléments face à un partenaire…

Une empreinte déterminante

Eva est une grande femme italienne, rousse, à la coiffure sauvage et au sourire lumineux. Metteur en scène au théâtre, elle dégage une énergie et une force peu courantes. Elle est venue consulter car elle entretient une relation bizarre avec les hommes : elle les rend dépendants d'elle au point qu'ils perdent toute autonomie et ne supportent pas de la voir s'éloigner. Ils lui reprochent notamment de consacrer trop de temps à son travail. Or, justement, elle a grand besoin de pouvoir laisser libre cours à sa créativité sans être entravée par un partenaire trop en demande. Elle ne supporte plus de se sentir critiquée, épiée, parfois menacée lorsqu'elle décide de prendre du temps pour elle.

Elle est obligée de se justifier et de se battre pour que son besoin d'espace et d'indépendance soit reconnu comme légitime et non menaçant, et à chaque fois, c'est la rupture : elle est jugée égoïste, incapable de s'engager réellement, cataloguée comme décevante. Pourtant, elle sent que c'est faux. Qu'est-ce qui se met en place, à son insu, pour qu'elle se retrouve systématiquement aux prises avec des hommes avides d'amour, mais toujours insatisfaits ? Comment et pourquoi ceux-ci en viennent-ils à régresser dans une position très infantile et à croire qu'elle pourrait totalement les combler ?

Qu'est-ce qui, dans son comportement, leur laisse penser qu'elle jouerait un tel rôle ?

Elle me raconte une enfance plutôt chaotique entre deux parents en conflit permanent. Sa relation avec sa mère n'a pas été très sécurisante, ni très contenante. Cette dernière, pas encore tout à fait sortie de l'enfance et pas vraiment aimée par sa propre mère, n'a pas su quoi faire de ce bébé. Le reconnaître, l'accueillir et l'aimer n'allaient pas de soi. La distance s'installe entre elles dès le début. Le lien n'est pas franchement maltraitant, mais il est ténu, frustrant, ambivalent. La mère ne manifeste jamais d'élan vers la petite fille, comme s'il fallait rester en dehors de toute manifestation émotionnelle. Elle est pourtant là, certainement mue par le sens du devoir plus que par tout autre chose. Elle joue son rôle, certes, mais avec réserve.

On imagine bien à quel point un tel regard a pu engendrer pour Eva une profonde insécurité et un questionnement permanent sur sa valeur et sa capacité d'intéresser l'autre… Cela l'a amenée à déployer beaucoup d'énergie pour capter l'attention de sa mère, alors que d'autres auraient pu, au contraire, se sentir beaucoup plus démunis, inadéquats et perdre totalement confiance en eux. Nous n'avons pas les mêmes ressources, ni les mêmes besoins, ni la même façon de faire face au manque. Bien sûr, le contexte relationnel dans lequel nous vivons joue un rôle, mais chaque enfant possède sa structure propre et interagira différemment en fonction de la relation et de la place que sa mère lui propose.

Cette mère que l'on intériorise petit à petit devient ainsi une composante essentielle dans la relation : que l'on soit homme ou femme, l'image de ce lien, selon qu'il est soutenant, nourrissant ou distant aura tendance à ressurgir dans les relations de couple. En effet, c'est très souvent à partir de cette relation primaire que nous allons organiser notre vie relationnelle : chacun cherchera la solution la plus adaptée en fonction de la demande initiale de la mère (nous verrons dans le chapitre suivant que le père tient aussi une place prépondérante dans ce qui se joue entre la mère et l'enfant).

Pour Eva, peu importe l'homme qu'elle choisit. Ce qui compte, pour elle, c'est de recréer avec chacun d'eux un fantasme de fusion totale. Elle leur fait alors une promesse implicite : leur donner tout ce dont elle a manqué, qu'ils soient assurés, à travers la relation amoureuse, de ne jamais éprouver ce qu'elle ressentait lorsqu'elle lisait dans les yeux de sa mère une distance et une perplexité qui la rendaient impuissante. Eva est devenue l'antidote de sa souffrance de petite fille : une « grande mère » à l'amour illimité, symboliquement puissante et centrale, auprès de laquelle tout homme peut se ressourcer à l'infini. En revanche, personne n'est à la hauteur d'un tel personnage. En fait, Eva ne rencontre pas d'homme capable de lui faire face car elle ne choisit inconsciemment que des hommes restés petits garçons, même sous des dehors très « virils ». Elle adopte immédiatement avec eux, à son insu, un comportement maternel alors qu'elle cherche à instaurer une relation d'adulte à adulte. Lorsque je lui propose de dessiner sa place dans la relation amoureuse, elle est au centre et tous ses amants sont des satellites, tous identiques, tournant autour d'elle mais jamais à côté.

Cet exemple illustre comment la relation à l'autre peut facilement devenir le lieu de réparation d'une relation à la mère marquée par le manque, mais aussi à quel point le contrat « tacite » qui lie les deux partenaires peut rester longtemps masqué, voire difficile à lire, car en totale contradiction avec leurs aspirations conscientes.

Une solution « sur mesure »

On peut donner ou demander à l'autre ce qu'on aurait aimé recevoir de sa mère mais aussi… lui faire payer ce qu'on n'a jamais eu. De toute façon, rares sont ceux pour qui cette relation ne joue pas à un moment ou à un autre un rôle décisif dans leur vie amoureuse. Et, bien sûr, tous ces enjeux se répètent bien souvent avec nos enfants…

Flavie est le premier enfant d'Eva. Elle est choyée, couvée, jamais laissée seule, car Eva veille soigneusement à ce que sa fille ne souffre jamais des mêmes blessures qu'elle-même a connues petite avec cette mère distante et froide, plus intéressée par son travail que par la fonction maternelle. Eva se projette entièrement dans ce bébé dont elle veut satisfaire tous les désirs, animée par un profond sentiment de revanche et de réparation, à la fois légitimes et totalement excessifs. En revanche, pour l'enfant, un tel investissement peut vite créer une empreinte relationnelle qui le hantera bien au-delà de ses premières années. Il enregistrera qu'il a été celui ou celle qui a été désigné pour combler sa mère et lui a permis de réparer sa propre histoire…

La façon dont cela se rejouera dans ses propres relations amoureuses dépendra bien sûr de tout un ensemble de paramètres. De toute évidence, cette place de l'enfant qui répare sera tentante à reprendre avec des partenaires qui souffrent et que l'on voudra sauver… Qui Flavie a-t-elle choisi ? J'apprends qu'elle est depuis peu en ménage avec un homme qui l'aime. Mais que cet homme est très blessé dans sa relation à son père et qu'il a une tendance à noyer son manque de confiance en lui dans l'alcool. Flavie essaie de l'aider à guérir de cela par tous les moyens…

Rupture précoce et relation encombrante

Anne, qui a rencontré quelqu'un tout récemment, m'avoue qu'elle a du mal à être en relation même quand « tout va bien avec l'autre ». Ce « quand tout va bien » est évidemment à prendre avec précaution car il ne fait, en général, que masquer une dimension invisible qui se révèle beaucoup plus difficile à vivre. En apparence, oui, tout va bien. Mais cela ne veut pas dire grand-chose, si ce n'est peut-être qu'elle et son ami font un peu semblant de ne pas voir ce qui se passe en profondeur ? Anne reconnaît qu'elle ressent des choses qu'elle a du mal à nommer. Elle m'explique qu'elle a parfois l'envie étrange de tout faire exploser pour casser ce lien ou que dans la vie de tous les jours, sans prévenir, une « maille » de la relation semble se défaire et entraîner la disparition de tout ce qu'elle et son ami avaient vécu ensemble jusque-là. Comme si cela n'existait plus. J'entends bien le mot « casser », évidemment. Mais casser quoi ? Qu'est-ce qui, dans son histoire, s'est cassé et quand ?

Elle a vécu très tôt (à un mois) une séparation avec sa mère, qui a dû partir travailler dans un pays étranger pendant la première année de sa venue au monde. Or, elle n'a jamais imaginé que cette toute première séparation – totalement imprévisible pour elle et extrêmement traumatisante – pouvait avoir un lien avec sa tendance à la rupture incontrôlée dans ses relations d'adulte. Elle s'était mise dans la tête qu'elle était très instable ou difficile à vivre.

Le tout premier schéma relationnel, pour Anne, implique l'abandon. Celui-ci est d'une nature particulière car à l'âge qu'elle a, elle est incapable d'en comprendre quoi que ce soit. Tout à coup, son univers entier se désagrège et fait place à l'inconnu. Bien sûr, elle est entourée et aimée par ceux qui s'en occupent. Mais une faille quasi définitive s'installe en elle et imprime dans sa psyché la trace d'un effondrement complet de tous ses repères. À partir de là, même si la blessure est oubliée, refoulée et soigneusement reléguée dans son inconscient, elle se manifestera de nouveau à chaque rencontre, en faisant ressurgir des peurs archaïques liées à ce souvenir premier et quasiment indélébile. On comprend mieux pourquoi être seule lui paraît moins risqué et nettement plus facile à gérer. Mais il y a bien quelque chose à dépasser pour elle, qui serait de l'ordre d'un manque de confiance précoce, pour pouvoir enfin être en relation. Il lui faut comprendre que cette explosion est de l'ordre d'un passé révolu. Et c'est en expérimentant la permanence du lieu en thérapie qu'Anne a pu enfin résoudre sa problématique et vivre une relation réussie.

Comment la relation à votre mère retentit-elle sur vos choix de partenaires ? Sur votre capacité de vous engager pleinement dans la relation ? Vous identifiez-vous à elle, que vous soyez un homme ou une femme ? Avez-vous cherché à combler ce qu'elle ne vous avait pas donné ? Où en êtes-vous de votre processus de séparation ?

La triangulation œdipienne

La relation avec la mère est fondamentale, mais ce n'est pas la seule. Elle se joue au sein d'une autre configuration tout aussi importante : le *trio* constitué par les deux parents et l'enfant. On le pense rarement comme tel, mais la *place* que nous occupons, dès le départ, dans cette fameuse triangulation constitue elle aussi un de nos conditionnements les plus puissants.

Une place décisive

La question de la place est essentielle. Elle structure notre rapport à nous-mêmes et aux autres. Savoir où est notre place dépend de ceux qui nous ont élevés et de leur propre histoire en la matière. Pour qu'un parent puisse y reconnaître l'enfant, il faut qu'il ait été lui-même reconnu par ses propres parents. Encore une longue histoire… Les enjeux relationnels entre ces trois personnes sont donc d'une importance capitale.

Examinons-les en détail. Comment l'enfant est-il accueilli au sein du *couple* ? A-t-il d'emblée une place et laquelle ? Comment chacun des parents va-t-il vivre cette triangulation ? Va-t-il pouvoir assumer son rôle de père ou de mère et accorder à l'autre la place qui est la sienne ? Cela semble une évidence, et pourtant... Pour beaucoup d'entre nous, rien de tout cela n'était si clair. En effet, l'enfant vient bouleverser un équilibre entre deux personnes où chacun se retrouve immanquablement ramené à son histoire d'enfant avec ses propres parents, avec tous les manques et les attentes qui ont pu peser sur lui à l'époque.

Qu'est-ce que chacun de ses parents attendait de lui (ou d'elle) en lui donnant naissance ? Le moment où il est arrivé, leur état psychologique, les relations qui les unissaient et celles qu'ils avaient avec leurs propres parents, leur âge, leur degré de maturité : tout cela a compté et créé, là encore pour l'enfant qu'étaient nos parents, un environnement accueillant, bienveillant, clair et respectueux, ou à l'inverse, un climat de confusion, de violence, ou d'hostilité.

L'enfant saisit très tôt la place qu'on lui assigne et ce qu'on lui demande d'être. Il se coulera naturellement dans ce que l'on attend de lui, parce que sa survie en dépend. Ainsi, dès les tous premiers échanges à trois s'établissent les bases de ses futures relations, à partir d'une place qui sera remise en jeu à chaque rencontre et bien sûr lorsqu'il deviendra lui-même parent, dans la triangulation qu'il remettra en place dans son propre couple.

Pour Caroline, élevée par sa grand-mère, la place dans la relation avec ses parents est d'emblée floue. Est-elle vraiment leur enfant ? Elle ne sent aucune affinité avec eux. « Ils étaient des étrangers pour moi », dira-t-elle

104

souvent. « Je n'avais aucune envie de ressembler à ma mère, dont je ne comprenais rien et qui me faisait peur. Mon père était absent. D'ailleurs, c'était plutôt lui, l'enfant. Moi, je n'étais « nulle part ». » Pas étonnant que Caroline ait plongé aussi facilement au cœur du vide éprouvé par la grand-mère, pour essayer de le remplir : elle ne fait pas partie de ce triangle premier. Elle en est éjectée, toute petite, sans comprendre les raisons de cet abandon. Elle n'a de cesse de vérifier auprès de son partenaire qu'elle a bien une place, tout en étant aux prises avec le sentiment permanent d'être de trop, de ne pas être vraiment où elle devrait être, ou de n'avoir pas encore trouvé « le bon »...

La confusion règne parfois dans les familles, au point que les parents ont du mal à assumer leur place. L'enfant peut n'être alors jamais réellement conscient de la place qui est la sienne et flotter au milieu des autres, sans se sentir relié en aucune façon. Pour Caroline, être la fille de ses parents ne voulait rien dire… Immatures et préoccupés avant tout par leurs problèmes personnels, ces derniers ne savaient que faire du trio qu'ils formaient avec leur fille… Ainsi, Caroline était-elle perdue dans un monde d'adultes profondément incohérent et insécurisant. Sa mère la considérait avant tout comme une rivale et Caroline développa très tôt la croyance qu'elle serait toujours éjectée et qu'elle n'avait de place nulle part. C'est cela qui l'a poussée à chercher des partenaires avec qui la relation n'est ni réellement engagée ni réellement satisfaisante.

La place que l'on a eue se remet donc en jeu sans cesse dans les couples que nous formons. Nous la forgeons non pas à l'identique, mais plutôt comme une tentative de réparation, une compensation ou une réponse à quelque chose qui nous a paru difficile à vivre et que nous continuons à porter en nous, à notre insu.

Œdipe et séparation

Derrière la question de la place se cache un autre enjeu, celui de la résolution du complexe d'Œdipe et de la séparation d'avec les parents. Pourquoi ? Parce que c'est une étape cruciale qui se joue entre ces trois personnages, et qui nécessite que chacun soit capable de jouer son rôle de façon adéquate pour que l'enfant s'y retrouve.

Nous avons tous et toutes éprouvé à un moment de notre enfance le désir de nous « marier avec papa » ou « maman ». Parfois, nos pères et mères ont pris assez de distance avec notre regard émerveillé et nous expliquent que nous trouverons un jour quelqu'un d'autre, parce que « papa » et « maman » ne sont tout simplement pas pour nous. Comment l'enfant que nous étions a-t-il été reconnu et valorisé dans son identité sexuée ? Est-ce qu'il a pu prendre place au sein de la triangulation en toute confiance ? A-t-il été encouragé à devenir un homme ou une femme et à manifester son désir mais aussi, sans aucune confusion, à le faire, quand ce sera le moment pour lui, « à l'extérieur » ?

Les places de chacun ne sont pas toujours aussi clairement identifiées et l'interdit de l'inceste clairement posé, ce qui ne permet pas à cette étape de se résoudre de façon juste. Là encore, rien n'est jamais si bien délimité : les uns et les autres resteront alors pris dans des enchevêtrements qui entraineront une impossibilité de se séparer et d'aller chercher un ou une partenaire en dehors de la famille… Beaucoup de conflits naissent là, dans une difficulté à trouver la bonne distance. Ils apparaissent encore dans des déplacements inadéquats ou dans des règlements de compte et des enjeux de pouvoir qui viendront plus tard parasiter l'accès à la sexualité et pourront largement envahir les relations d'adultes.

En outre, il arrive que le père ne soit pas là. Absent physiquement ou psychiquement, ce pilier indispensable au bon fonctionnement du triangle disparaît. D'autre part, même s'il a été présent physiquement, n'est pas toujours pour autant reconnu ni désigné par la mère comme son partenaire. Dans de nombreuses familles, il est considéré comme un personnage de moindre importance, avec lequel il faut « composer », parfois sans conviction. Sa « disparition » crée une béance qui n'est pas sans conséquence. Cela engendre très souvent un climat de confusion dans lequel les enfants (garçon ou fille) sont censés combler le manque de leur mère, qui se focalise alors entièrement sur eux, oubliant qu'elle a un homme dans sa vie et que ses enfants ne sont pas là pour le remplacer.

Du héros au grand absent : l'influence du père sur le destin de la fille

Pères fuyants ou idéalisés, envahissants, autoritaires ou dénigrants… Leurs filles cherchent désespérément à sortir de l'équation œdipienne, sans toujours y parvenir de façon concluante. Nous avons pu saisir à quel point la relation au père pouvait venir colorer l'*Animus* en construction chez la femme et influencer son image de l'homme jusque dans ses choix amoureux.

Pour une femme, le fait de ne pas avoir pas été nommée comme fille, dans son corps et son identité sexuée, crée un manque profond au niveau de sa représentation d'elle-même. Or, bon nombre de femmes sont confrontées à ce vide de parole, là où le père aurait du les reconnaître à travers un regard soutenant et encourageant. Lena, Joséphine, Catherine, Florence… et beaucoup d'autres souffrent de cette absence et ne se sentent pas à l'aise avec leur féminité. Cela ne se décline pas de la même façon pour toutes, mais c'est à partir du même vide qu'elles tentent de trouver une solution.

> Lena illustre parfaitement l'exemple d'une femme qui, n'ayant pas été reconnue par son père, le cherche à tout prix, en essayant de combler tous ses désirs en lui apportant le fils qu'il attendait. Cela l'enferme dans une impasse et la maintient dans une version satellisée d'elle-même, comme si tout son monde tournait encore autour de son père. Trouver sa place auprès d'un homme paraît donc compliqué. Elle « joue » à la grande fille en ayant un amant, tout en restant symboliquement avec son père qui l'entretient...
>
> Quant à Joséphine et Florence, elles sont, comme beaucoup de patientes, incapables de répondre à la question suivante : « Pouvez-vous être la femme d'un homme ? » Celle-ci soulève tour à tour de la colère, de l'angoisse, de la tristesse ou tout simplement une « panne ». Elles ne peuvent rien en dire ! Au fond, pour elles deux, le père n'a pas vraiment joué son rôle de tiers séparateur et elles sont encore des petites filles qui n'ont pas quitté leur mère.

Autant dire que la question du couple est toujours en lien avec la place d'origine, notre place d'enfant et ce que nous avons pu construire comme « représentations » de nous-mêmes à partir de là…

La triangulation à travers les âges

Nous pouvons avoir fort à faire avec tout ce qui n'a pas été résolu avant nous, pour chacun et chacune, à cette fameuse place. Tout ce dont nous venons de parler a commencé bien avant, et nous vient de notre histoire familiale, ce que nous aurons l'occasion d'aborder plus en détail dans notre quatrième partie.

Les problématiques œdipiennes de nos parents retombent ainsi en cascade et modèlent nos comportements amoureux en nous orientant vers tel ou tel type de partenaire. L'image de l'homme serait-elle transmise de mère en fille ? Et celle de la femme de père en fils ? Oui, en permanence, et à notre insu. Bien sûr, nous aurons aussi, tout au long de la vie, notre façon de colorer et corriger cette référence initiale, en la remaniant selon nos propres critères.

Chez Catherine, par exemple, nous avions vu clairement apparaître un lien entre son idéal amoureux et celui de sa mère, qui avait choisi le père de Catherine parce qu'elle le trouvait tout à fait exceptionnel. De quoi parle ce besoin d'un tel type d'homme, « pas comme tous les autres » ? Nous avons exploré pourquoi et comment cela avait pu être transmis à Catherine.

Catherine se trouve tiraillée entre deux versions de l'*Animus*, très contradictoires. Elle connaît ce conflit depuis l'enfance : père absent, grand-père idéalisé que sa mère n'a jamais réussi à quitter et dont elle voulait retrouver la copie exacte chez son mari. Les places sont brouillées d'emblée. Mais qu'est-il arrivé au père de Catherine pour qu'il démissionne de sa place de mari dès le début ?

Cet homme, profondément original et en avance sur son époque, d'une intelligence fine et sensible, avait été élevé par une mère « victime », passive, soumise et un père autoritaire qui avait une maîtresse depuis toujours dans une autre ville. Ils formaient ainsi un couple faux et installé dans le mensonge, la haine et l'humiliation. À aucun moment, leur fils n'a connu le regard d'un père qui le soutienne, l'initie et le valorise. Bien au contraire,

Gérard se vengeait sur le père de Catherine de son propre manque de père...
Et c'est ainsi que l'histoire se répète, parce qu'il ne peut en être autrement.

Pour cet homme, avoir une fille, c'était retrouver enfin une présence féminine,
une douceur, quelqu'un qui l'aimerait et s'occuperait de lui. Mais c'était sans
compter la lignée maternelle, la présence d'un grand-père adoré, brillant et
dès le début, rival du père dans la vie de la mère et de la fille. La mère
de Catherine déchante très vite en ne cessant de comparer son mari à son
père, à l'avantage du premier qui demeure le seul et l'unique. La relation est
ainsi condamnée, créant pour Catherine le besoin détourné de se relier à son
père ailleurs d'une façon invisible, en choisissant inconsciemment des partenaires qui incarnent les mêmes défauts. Elle cherche ainsi à faire comme sa
mère et à rester fidèle au modèle idéalisé du grand-père. Tout cela ne fait
qu'envenimer les choses et les figer dans des relations frustrantes.

Nous avons souvent grand besoin de faire le ménage et d'extirper
ces « archétypes » du masculin et du féminin de ce qui vient les
encombrer et nous empêcher de nous y relier de façon positive.
Sinon, nous restons englués dans des problématiques qui ne sont pas
vraiment les nôtres, mais celles de générations assez peu conscientes... Nous risquons de nous battre avec ces images qui viennent
sans cesse se confronter à nos partenaires en chair et en os, souvent
pour le pire et rarement pour le meilleur.

La part d'ombre
qui nous échappe

Pourquoi parler d'« ombre » quand on évoque la relation amoureuse ? Il semble que l'on soit pourtant là au plus loin du sujet ! L'amour n'est-il pas le sentiment le plus lumineux et le plus altruiste ? Le plus profondément bienveillant ?

L'amour a-t-il une ombre ?

Pour beaucoup d'entre nous, il est hors de question d'imaginer l'amour comme autre chose qu'une valeur positive : sans creux, ni opacité, ni contraste. Pourtant, même l'amour maternel, le plus éloigné *a priori* de toute forme d'ombre, recèle une part d'ambivalence… En réalité, si l'amour est souvent espérance de plénitude, d'euphorie et de joie profonde, et même si nous avons du mal à l'admettre, il nous convoque *aussi* ailleurs et n'est jamais exempt de sentiments violents, sombres, inquiétants : jalousie, envie, possessivité, désir de destruction, de domination.

La rencontre avec l'autre est d'abord et avant tout une rencontre avec nous-mêmes, dans la *totalité* de ce que nous sommes. Cela comprend bien sûr tout ce que nous portons de l'histoire familiale, qui nous a construits et façonnés au plus profond de nos racines, mais aussi ce qui nous embarrasse ou nous perturbe et que nous ne voulons ni entendre ni reconnaître, et encore moins accepter comme faisant partie de nous. Mais pouvons-nous réellement l'ignorer sans danger ?

Nos rencontres sont aussi l'occasion pour nous de découvrir *chez l'autre* des choses que nous n'aimons pas ou que nous avons du mal à accepter. Il y en a toujours. Parfois, cela n'a pas d'importance et nous sommes capables de passer outre sans que cela détruise la relation. Mais il arrive aussi que les comportements de nos partenaires nous heurtent, nous choquent ou nous déçoivent et réveillent en nous des sentiments d'injustice, de tristesse, de honte ou de colère. Nous nous mettons alors à douter d'elles ou d'eux, de la relation et de ce que nous faisons ensemble. C'est comme si, brusquement, tout avait changé et perdu de son éclat d'origine.

Il arrive toujours un moment où l'autre chute de son piédestal et où la relation nous déplaît. Est-ce grave ? Pas nécessairement : nous pouvons profiter de cette étape pour quitter nos illusions et commencer à voir l'autre dans toute sa réalité et lui dévoiler aussi la nôtre par la même occasion. Cela peut transformer le lien et le rendre plus dense, plus profond. Mais, bien sûr, tout dépend de notre capacité à voir les choses en face, à faire preuve de lucidité et du degré d'idéalisation dont nous avons besoin. C'est souvent là que les échanges s'enveniment et que les rancœurs apparaissent.

Pour certaines personnes, il n'est pas possible de passer ce cap et la relation ne tient pas « l'épreuve du feu ». Elle se désagrège parce que nous refusons d'y intégrer des éléments plus ambivalents, désagréables ou « négatifs ». Nous allons donc nous intéresser à cette phase qui nous ramène les pieds sur terre, quand la relation amoureuse nous confronte à ces facettes désavouées et étrangères...

Persona non grata

Bien sûr, beaucoup d'entre nous préféreraient n'avoir d'eux-mêmes qu'une image positive qui les rassure et les valorise. Ils mettent donc soigneusement de côté tout ce qui pourrait ternir cette vision pour n'en reconnaître que les aspects gratifiants et facilement endossables. Ainsi disparaît toute une partie de la personnalité et, avec elle, nos tendances les plus inquiétantes et impossibles à assumer. Pensez par exemple à ce qui chez vous n'a aucun droit de cité : une façon d'être ou une caractéristique particulière que vous retrouvez peut-être très souvent chez l'autre alors que vous les détestez ! Vous souhaitez ardemment ne jamais vous comporter comme cela... C'est tellement tout le contraire de vous !

C'est Jung qui, le premier, étudie l'influence sur notre psychisme de cet ensemble de caractéristiques dont nous ne voulons pas et qu'il va nommer « ombre ». Il démontrera à quel point elle est reniée, aussi bien sur le plan personnel que collectif, car finalement, nous n'avons jamais que de mauvais rapports avec elle, notamment dans le monde actuel où il y a une vraie tendance à l'ignorer et à tenter de la faire disparaître. Mais il n'est pas si simple de nier une des composantes essentielles de l'être humain.

La théorie freudienne avait déjà pourtant largement contribué à dépasser la vision réductrice et édulcorée que l'on avait à l'époque de l'être humain. Elle avait notamment permis de reconnaître l'existence de l'inconscient et d'en expliquer certains éléments particulièrement dérangeants. Ainsi, depuis l'invention de la psychanalyse, nous savons que l'homme n'est pas « que bon » et ce que cela implique. Mais Jung est allé encore plus loin en éclairant d'une manière inédite certains mécanismes de la vie psychique.

Pour Jung, l'ombre n'est pas synonyme de l'inconscient freudien : ce réservoir de pulsions inavouables et de désirs refoulés qui mènent la danse de façon autonome aux tréfonds du psychisme humain, revenant à la surface sous la forme de rêves, de lapsus, etc. Dans l'approche jungienne, ces contenus qui nous inquiètent ou nous déplaisent sont la contrepartie inconsciente des caractéristiques que nous voulons bien nous reconnaître. En fait, elles ont pour fonction d'équilibrer notre psychisme et non de l'encombrer. Ce qui est de l'ordre de l'inconnu, voire de « l'ennemi intime », n'est jamais que le « négatif » de notre partie visible. Il nous appartient, là aussi, de pouvoir l'intégrer — en tout cas de tenter de donner à ces facettes une place au même titre qu'à toutes les autres, mieux valorisées, plus autorisées.

C'est ce qui fait de cette part mystérieuse et complexe une véritable dynamique de transformation. Pour évoluer, nous avons besoin d'entrer en contact avec ces personnages dont nous ne voulons rien entendre. Mais, pour toutes sortes de raisons, ils nous restent inaccessibles. Nous nous construisons ainsi une représentation de nous-mêmes qui exclut tout ce qui ne nous paraît pas acceptable et

114

risquerait de ternir une image conforme à notre système de valeurs. Si nous sommes très combatifs, par exemple, nous aurons du mal à accepter en nous la part qui hésite, qui tergiverse avant d'agir, qui ne prend pas sa place…

En fait, ce qui est primordial, chez Jung, c'est qu'il s'agit toujours de progresser vers une inclusion de plus en plus large de tout ce que nous sommes à la fois, au lieu de rejeter certaines parts de nous-mêmes, jugées négatives, honteuses ou inadmissibles. Or c'est bien ce qui est dérangeant dans un monde comme le nôtre, bâti sur des logiques qui visent plutôt à éliminer tout ce qui peut remettre en question une image idéale de nous-mêmes.

L'ombre *dans* la relation…

Celles et ceux qui viennent chercher une compréhension accrue de leurs problèmes relationnels sont souvent à mille lieues de soupçonner l'influence que cette part d'ombre exerce sur eux. Accéder à cette étape du travail est souvent long. Pourtant, lorsqu'on y arrive, c'est un moment crucial dans la mise en lumière de ce qui nous fait souffrir.

Claude vient en thérapie à la suite d'une rupture amoureuse dont elle pense qu'elle ne se remettra jamais. Plongée tour à tour dans la haine, le désespoir profond, la jalousie, la mélancolie, elle ne cesse d'y penser, jour et nuit. Son sentiment d'échec est très marqué et il lui semble que sa vie est finie. Quelque chose en elle s'est définitivement éteint, me dit-elle, quand sa partenaire l'a quittée pour retourner au Maroc, son pays d'origine.

J'apprends que Leila, son amie, était danseuse et qu'elle « ressemblait à un soleil ». Tout le contraire de Claude, discrète, sobre et effacée. Je lui témoigne de mon étonnement quant à leur différence de nature… Pour Claude, tout doit être mesuré et sous contrôle. Plaisir, fantaisie, expression personnelle : tout cela est depuis toujours fortement déconseillé dans sa famille où on ne tolère aucun écart. Toute flamboyance y est bannie depuis que l'arrière-grand-père a perdu sa fortune au jeu et a disparu avec une… danseuse.

Mais lorsqu'une famille se construit ainsi sur une hiérarchie des valeurs aussi rigide, quelque chose s'effondre nécessairement à un moment donné. Il faut ouvrir la voie à des caractéristiques opposées pour rétablir l'équilibre. Claude a-t-elle été attirée par ce qu'elle n'a jamais pu s'autoriser, ni personne chez elle depuis ses arrière-grands-parents ? En effet, depuis quatre générations, personne n'avait plus jamais rien exprimé de personnel dans la famille. La jeune femme avait choisi Leila, l'incarnation même de tout ce qui était honni et banni, comme un appel à la vie, au changement pour qu'enfin ce système sclérosé se transforme.

Et l'ombre de la relation

Tout ce qui existe a une ombre. La relation, comme toute entité vivante qui possède sa dynamique propre, n'échappe pas à cette règle. Cela veut dire que derrière ses aspects que nous considérons comme positifs se cachent aussi leurs contreparties « négatives ». C'est bien souvent celle-ci qui émerge en tant que fauteur de troubles quand les choses ne vont « plus si bien ».

Souvenez vous de Dimitri et Myriam, qui ne pouvaient imaginer leur histoire autrement que comme un fantasme de luxe hors du temps pour n'y vivre que des moments magiques, exempts de toute contrainte. Pour eux, sortir de cette dimension fantasmatique constituait une épreuve insurmontable. Le contact avec le réel et ses limites, ainsi que la banalité et la routine qui font partie intégrante de la vie, leur étaient insupportables, au point de faire exploser la relation. Même si cela déclenchait beaucoup de souffrance, nous avions convenu avec Dimitri que la situation n'était cependant pas dépourvue d'intérêt... En effet, elle cachait quelque chose de plus profond, de plus secret, qu'il fallait s'attacher désormais à entendre plus distinctement.

Pourquoi ni l'un ni l'autre n'étaient-ils capables d'accepter l'introduction dans la relation amoureuse d'une part plus prosaïque ? Cela avait-il un lien avec leur propre incapacité à se contenter d'être des humains ordinaires ? Se croyaient-ils au-dessus des autres ? Mais pourquoi et pour qui ?

Leur exemple est très représentatif de ce qui se passe quand on ne veut pas se confronter à quelque chose qui nous dérange et que l'on va retrouver non seulement en nous, mais aussi *dans* la relation elle-même. On cherchera ainsi à tout prix à préserver cette dernière de cet élément indésirable et à le mettre au rebut. Il s'agit là encore, comme toujours, d'une part refoulée, qui aura donc la fâcheuse tendance à ressurgir de façon très désagréable.

Dimitri en convient : il ne supportait pas « la médiocrité ». Élevé par un père éternel adolescent, joueur et ne supportant lui-même aucune contrainte, et une mère infantile et romantique, aristocrate déchue, nostalgique d'une époque révolue, il a été attendu comme un enfant quasiment divin. Il était donc hors de question pour lui de déroger à l'idéal que ses parents s'étaient forgé pour lui et qu'il devait incarner dans tous les domaines. Une seule chose lui était interdite : devenir « comme les autres ». Ainsi, il s'était trouvé une partenaire qui répondait bien à son désir de grandeur. Mais lorsqu'il a fallu ancrer la relation dans le quotidien, personne ne voulait s'en charger. Leur histoire, n'ayant pas trouvé sa place hors de l'Olympe, retombait comme un soufflé.

Combien de relations se voient-elles stoppées net lorsqu'il s'agit de se confronter à quelque chose de moins facile, de moins confortable ou que l'on a toujours dénié, alors que ce n'est qu'un passage obligé pour mieux se connaître et évoluer ensemble ? En fait, il s'agit le plus souvent d'un affrontement avec des interdits assez puissants pour ne permettre aucune distance, aucun pas de côté, comme pour Dimitri, qui n'avait d'existence que comme « fils de Jupiter »… Sur Terre, pour lui, point de salut. Ces interdits nous emprisonnent dans leurs filets sans que nous n'ayons la moindre idée de ce qui se joue-là…

L'ombre, elle aussi, a une histoire

Il faut dire que l'ombre vient de loin : nos arbres généalogiques se sont construits sur des systèmes de valeurs qui perdurent d'une génération à l'autre et qu'on ne peut remettre en question aussi facilement. Cela oblige les uns et les autres à mettre en avant certaines caractéristiques au détriment de ce qui n'aura jamais droit de cité : dans certaines familles où le travail est considéré comme la seule chose sérieuse, les individus plus fantasques ou plus créatifs auront du mal à être reconnus. C'est ainsi que disparaissent, petit à petit, des aspirations qui dérangent le système familial et que personne n'aura jamais le droit d'incarner. Emmanuel et Frédéric, par exemple, font partie de ces familles où toute tentative d'expression personnelle est sévèrement condamnée. Ensuite, libre à chacun de se positionner : l'un est allé chercher ces caractéristiques reçues par la famille chez sa partenaire, l'autre s'est contenté de s'en débarrasser en restant fidèle aux interdits.

Et vous ? Pouvez-vous déceler ce qui vous gêne chez l'autre, qui pourrait être relié à des caractéristiques dont vous ne voulez pas chez vous ? Avez-vous le sentiment que certains comportements vous sont radicalement interdits ? Lesquels ? Cela pourrait-il venir de votre famille ? Quel est le système de valeurs dans lequel vous avez grandi ?

Quelle image de couple cherchez-vous à donner ? Quelle image voulez-vous éviter de donner à tout prix ? Pourquoi ?

QUATRIÈME PARTIE

Généalogie de l'amour et du désir

Dans quelle mesure notre désir amoureux est-il conciliable avec notre roman familial et les multiples conditionnements hérités de nos ancêtres ? Pouvons-nous vivre nos relations comme nous l'entendons ? Ou sont-elles déterminées par ce qui s'est joué chez nos parents, grands-parents et dans les trajectoires des couples de la famille ?

Si, de nos jours, beaucoup font appel à la psychothérapie pour dénouer les conflits dans leur vie affective, l'exploration des fondements généalogiques du lien amoureux reste cependant moins répandue. Pourtant, grâce à cette approche, les fils d'une trame invisible finissent par dessiner avec netteté un certain nombre de réponses concrètes quant aux problématiques que tout un chacun peut rencontrer, et auxquelles il ne trouve pas toujours de réponse. L'histoire antérieure ainsi revisitée permet alors à la signification de notre propre parcours d'émerger.

Nous allons explorer ce qui, dans le roman familial, permet ou empêche une relation amoureuse pleinement réussie et identifier les pistes pour dépasser les freins, les interdits et les difficultés liés plus spécifiquement au généalogique.

Au cœur du couple : l'héritage familial

Des origines inconnues mais puissantes

À travers ce que nous vivons se disent et parfois même se crient d'autres *histoires* inconnues de nous, venant des tréfonds des siècles précédents. Nous orchestrons inconsciemment nos rencontres, pas uniquement *à cause de cela,* mais toujours *en lien* plus ou moins direct. Si nous pouvons expliquer une grande partie de nos attirances, d'autres éléments demeurent insaisissables tant que nous n'avons pas réussi à mettre en lumière de quoi est faite la mémoire *affective* de nos ancêtres et comment elle nous influence… Comment leurs trajectoires continuent-elles à résonner en nous et à orienter nos choix et nos comportements ?

Ce sont nos parents qui, les premiers, jouent un rôle dans la construction de notre histoire amoureuse. Il en va de même pour eux avec leurs propres parents, et ainsi de suite de génération en génération. Dépositaires d'un certain nombre de valeurs et de croyances transmises par leurs lignées respectives, nos père et mère vont ainsi nous relier à tous les personnages de notre arbre généalogique et à leurs trajectoires relationnelles, à leurs idéaux, leurs désirs, leurs fantasmes et à la manière dont ils ont pu ou non combler leurs attentes… En définitive, ils nous unissent à toutes les péripéties de leurs vies de couple respectives et, surtout, aux manques, aux déceptions et aux échecs, car c'est là qu'une bonne partie de notre destin amoureux s'enracine, notamment en nous poussant, de façon subtile et invisible, vers un type de partenaire spécifique.

Explorer les conditionnements pour s'en affranchir

L'évocation de la vie sentimentale de nos ancêtres déclenchera chez les uns un haussement d'épaules, vaguement ironique, tandis que pour d'autres, le poids du malheur affleurera très vite à la surface, et ils chercheront à se soustraire à ces mémoires dont ils n'ont que faire. Quelle que soit notre réaction face à ces reliquats d'une autre époque, il nous faut bien admettre qu'il n'est pas si facile de s'en défaire, et que les ignorer nous expose à les revivre, parfois avec une précision qui confine à l'absurde. Le libre arbitre, s'il existe, s'arrête où commence l'inconscient. Mais alors, où chercher ? Dans quelles directions ? Et s'il nous faut remonter le temps, où doit-on s'arrêter ? Ce voyage dans le passé a nécessairement une limite au-delà de laquelle ce qui a eu lieu ne peut plus nous atteindre. On peut ainsi déceler les traces de processus inconscients jusqu'à la troisième génération avant nous et délimiter le cadre de nos recherches. Celles-ci s'effectueront donc sur quatre générations et deux lignées.

Dans cet espace, des hommes et des femmes ont vécu, se sont rencontrés, aimés, perdus et retrouvés. De la passion tumultueuse au couple fidèle, les arbres généalogiques regorgent de comédies et de drames, de rôles plus ou moins bien assumés et d'une palette de sentiments qui ont dû se loger dans des sociétés plus rigides et conformistes que la nôtre. Comment a-t-on fait alliance dans notre famille ? Y existe-t-il vraiment une place pour l'altérité ? Sur quelles bases ? Nous héritons de cette longue histoire mouvementée. Toute la question est de savoir comment cela nous structure en termes de relations amoureuses et, bien sûr, de s'en inspirer pour vivre cette dimension avec le plus lucidité possible.

Que faisons-nous de tout ce qui nous vient du passé ? L'idéal, pour beaucoup, serait de pouvoir construire leur propre version de l'histoire en intégrant de façon harmonieuse les différents ingrédients dont nous venons de parler et de pouvoir les vivre au gré de leurs rencontres sans éprouver le sentiment de se trahir. Dans certains cas, cependant, les tensions entre nos aspirations et ce qui fonde notre identité nous confrontent à des situations compliquées et créent de puissants conflits intérieurs. Cela nous oblige, à un moment ou à un autre, à faire le choix de soutenir notre désir propre au détriment des valeurs dominantes dans lesquelles nous avons étés élevés. Mais encore faut-il les identifier ! C'est pourquoi il est si crucial de mettre le roman familial au cœur de notre exploration du couple.

Les scénarios transmis

« De toute façon si je reste avec un homme, il finira toujours par me trahir, comme mon père a trompé ma mère toute sa vie, et son père avant lui. » Joséphine est péremptoire. Cette certitude est d'autant plus ancrée en elle qu'elle vient de très loin. De qui parle-t-elle ? Ou plutôt, qui parle en elle ? Je lui demande qui, dans sa famille, aurait pu dire la même chose. Elle me répond sans hésiter : « Mon arrière-grand-mère, ma grand-mère, et sûrement encore bien d'autres femmes de ma famille... » Joséphine comprend alors que cette construction imaginaire n'est qu'une réplique de quelque chose de beaucoup plus ancien, qui s'est joué à une époque révolue, très antérieure à sa naissance et largement décliné depuis.

Joséphine avoue ressentir parfois de la haine pour tous les hommes, alors qu'elle-même n'a jamais été ni trahie ni abandonnée. Est-il possible que ce sentiment soit dicté par son histoire familiale et par ce que d'autres, à travers d'autres épisodes plus lointains, ont vécu dans leurs propres couples, alors que cela ne la concerne en rien ? Cela contribue-t-il à l'enfermer dans une vision négative où aucun bonheur ne paraît possible avec un homme ? Joséphine reconnaît que, pour elle, c'est devenu une évidence ! Les choses lui semblent vouées à se répéter.

Que nous le voulions ou non, nous sommes toujours influencés par le discours de la famille sur l'amour. Tout existe en la matière : les injonctions conformistes et normatives (il faut rester ensemble coûte que coûte), les interdits (il faut renoncer à l'amour par devoir), les visions transgressives (on ne peut vivre sa vie amoureuse que de façon « illicite »). Cela détermine chez chacun de nous une image plus ou moins précise ou heureuse de notre avenir. Pour certains, ces projections dans le futur obéissent à un scénario très détaillé où tout est déjà écrit, exactement comme au cinéma. Plus ces récits sont inconscients, plus ils ont de chance de se réaliser et d'impacter inexorablement nos vies en y introduisant tous les éléments nécessaires – places, rôles, problématiques, personnages – et ce, entièrement à notre insu. Dès lors, nous n'avons plus aucune de chance de sortir d'un destin tracé par avance, ni aucune liberté de faire dévier les choses vers un dénouement plus satisfaisant.

Beaucoup de mes patients ont ainsi hérité des trajectoires plus anciennes de leurs ascendants une certaine image de la relation amoureuse, au point de penser que c'est la seule version possible. Il leur arrive très souvent de découvrir dans cet héritage de véritables intrigues – parfois tragiques ou dérisoires – au déroulement et à l'issue prédéterminés, qu'ils remettent eux-mêmes en scène avec une grande fidélité.

Pour Joséphine, il est compliqué de faire confiance à l'autre et à la vie, de cesser d'imaginer le pire ou d'envisager constamment que quelque chose se trame à son insu. Même lorsqu'elle essaie de se défaire de ses représentations négatives, elle finit toujours par céder à la pression d'un scénario catastrophique, dans lequel elle est abandonnée, ou humiliée devant tout le monde. Il ne lui reste alors plus qu'à quitter la scène et à disparaître. Pour elle, la relation est un espace dangereux où l'on risque de mal finir et qu'il faut absolument contrôler de toute part en ne s'attachant jamais à personne.

Il est capital de repérer ces scénarios. Ensuite, il s'agit bien sûr d'explorer d'où ils viennent et comment ils se sont mis en place. Dans notre roman familial amoureux, qui prenons-nous pour modèle et pour quoi faire ? Joséphine, par exemple, imagine toujours la même histoire, avec le même dénouement : trahison et abandon. C'est d'ailleurs pratiquement la seule version à l'œuvre dans son arbre généalogique. Pourquoi en serait-il autrement pour elle ? En vertu de quoi aurait-elle le pouvoir d'être épargnée par ce destin funeste ?

Joséphine, comme beaucoup avant de faire ce travail, ignorait l'impact de son héritage familial sur son comportement amoureux. Elle n'avait donc aucune visibilité sur ce qui la poussait à agir de telle ou telle manière ni sur ce qui lui aurait permis de contrer les scénarios d'échec vécus avant elle. Elle se croyait totalement libérée alors qu'elle s'efforçait en permanence de jouer un rôle et de maintenir ses relations sous contrôle. Bien sûr, nos choix ne sont pas toujours à ce point dépendants de notre arbre généalogique, mais moins nous tenons compte de nos conditionnements, plus nous prenons le risque que ceux-ci nous influencent de façon puissante et compulsive. L'ignorance et le déni sont les stratégies les plus dangereuses, car elles nous plongent dans le brouillard et la confusion et nous empêchent d'avoir le recul nécessaire pour démêler ce qui nous arrive…

Un projet qui nous échappe

Souvenons-nous de nos différents personnages : tous se trouvent contraints de vivre un certain type de relation en fonction de leur roman familial, sans la moindre idée de ce qui se joue. Pour Axelle, il faut répéter une situation en se mettant en scène comme le personnage de l'arbre qu'on avait exclu. Pour Joséphine, la place dans le couple tient plus d'une identification à un personnage vengeur, qui vient réparer les blessures des femmes de ses lignées. Pour Frédéric, choisir une femme qui convient à ses parents, c'est obéir à des conditionnements et renforcer son sentiment d'appartenance. Essayons à présent de remonter le temps pour comprendre *comment* les choses se passent concrètement, d'une génération à l'autre.

L'exemple d'Antoine, ci-dessous, en témoigne assez clairement :

Antoine, patron d'une grande entreprise assez florissante, ne s'intéresse qu'aux femmes étrangères et – si possible – parlant à peine sa langue. Ce type de relation exotique le fascine tout en l'entraînant dans des complications de tous ordres, la principale ayant trait à un manque total de communication et de nombreux malentendus entre lui et ses partenaires. Paradoxalement, il sent aussi que ce « mur » qui se dresse entre lui et ses compagnes est une composante essentielle du lien amoureux. Pourquoi ? Rien ne lui permet de justifier cette préférence. Il lui faudra chercher bien plus loin, pour en comprendre la nécessité.

Au fil de ses recherches, il découvre que toute la branche maternelle est le fruit d'une alliance improbable entre un grand propriétaire terrien des colonies français de souche et une arrière-grand-mère métisse – parlant très peu le français et quasiment analphabète – venue travailler pour lui. Enceinte, chassée par la femme légitime, elle s'exilera en France et se mariera avec un Breton qui reconnaîtra la petite fille née avant leur rencontre comme la sienne. Rien ne transparaîtra jamais de sa véritable origine.

En laissant libre cours à son évocation du roman familial, tel qu'il se l'imagine, Antoine voit apparaître dans son discours et dans ses rêves des personnages inconnus auxquels il va, petit à petit, se sentir lié par une étrange loyauté. Il lui sera d'abord difficile d'accepter que ce qu'il vit est relié à d'autres événements dont il ne savait rien et à leur impact sur ses ancêtres. Pourtant, il lui faudra se rendre à l'évidence : son attirance pour les femmes d'une autre culture est bel et bien le produit d'un attachement généalogique... Cette femme chassée, exilée et abandonnée par son amant au statut social bien supérieur au sien ne s'est jamais remise de son départ et de cette exclusion doublée de honte dont son enfant – grand-mère du patient – héritera...

> Antoine, en *choisissant* des partenaires avec lesquelles il ne peut communiquer dans la même langue, invente une fin heureuse à l'histoire de cette aïeule. Il reprend totalement à son compte – mais à la place de l'homme, naturellement – la requête de cette arrière-grand-mère : « Je veux enfin être aimée, moi, l'étrangère, par un homme d'une autre culture et d'un statut social beaucoup plus élevé », comme s'il était encore en lien avec elle. Mais au prix de quelle étrange logique ?
>
> On pourrait imaginer que la honte ressentie par l'arrière-grand-mère et le déchirement lié à son exil ont largement résonné chez les descendants. Un tel trauma ne peut rester sans effet et ce d'autant moins qu'il est vécu sans soutien et sans parole. L'impact de cette perte reste entier et se transmet directement à la grand-mère d'Antoine qui naît d'un père qui ne la reconnaît pas, puis à la mère d'Antoine, et enfin à celui-ci, à travers des processus très inconscients qu'Antoine a pu mettre au jour au cours de son analyse transgénérationnelle[1].

Pour Antoine, comme pour beaucoup d'autres, l'enjeu est de taille. Il s'agit de mener à bien une tâche assignée par un ou plusieurs membres de sa famille, dont il n'a bien sûr pas idée, mais qui oriente tous ses actes, ses ressentis, ses préférences. L'approche transgénérationnelle nous permet d'éclairer cette part – a priori inaccessible – qui nous habite et nous lie à de lointains aïeux. Pourquoi et comment sommes-nous pris dans cet enchevêtrement entre nos désirs et ceux d'un autre temps ? Toute la question est bien de faire surgir, derrière les méandres de nos trajectoires amoureuses, *l'enjeu relationnel* dont nous nous chargeons à notre insu. Ce fameux

---

1. Pour aller plus loin : *Psychogénéalogie ; comment guérir de sa famille*, par Juliette Allais. (éditions Eyrolles, 2007).

projet dans lequel nous puisons une partie de notre motivation d'aujourd'hui est celui d'un ou d'une autre, suspendu dans le temps, qui n'a pas encore trouvé l'exécutant qui le mettra en œuvre. Ainsi, pour Antoine, il est question de réparer une femme blessée, mise au ban de la société, dont la souffrance a été cachée pendant des années.

Ces fameuses « missions » ne surgissent pas de nulle part. Elles se transmettent toujours à travers un certain nombre de liens, dans l'une ou l'autre de nos lignées, voire les deux en même temps. Il est parfois des obligations amoureuses qui nous poussent à exiger de nos partenaires certaines caractéristiques bien précises. Antoine en est un bon exemple : l'autre doit être d'une certaine couleur de peau. Il existe bien d'autres injonctions, qu'elles soient de l'ordre de l'identité (prénom, date de naissance) ou de la nationalité, de l'appartenance sociale (tel milieu, tel métier) ou de qualités parti-culières (comme Catherine, qui cherche un homme « original »). Tout est permis en la matière !

Quels sont les scénarios dont vous héritez en termes de relation amou-reuse ? Sont-ils positifs, négatifs, enfermants ou, au contraire, soutenants et encourageants ?

Quels modèles de couple avez-vous dans votre famille ? Quel a été leur destin ? Vous y sentez-vous relié ? Comment et pourquoi ?

L'emprise familiale : ce qui nous empêche d'aimer et d'être aimé

Ce qui nous pose problème dans la relation vient très souvent d'une *conception familiale* profondément enracinée et incompatible avec notre désir propre. Qu'est-ce qui, venant du passé, enraie notre fonctionnement naturel et crée des perturbations relationnelles dans notre vie amoureuse ? Comment et pourquoi une histoire ancienne, la nôtre ou celle de nos ancêtres, génère-t-elle des blocages, des comportements spécifiques, voire l'interdiction complète d'entrer en relation avec qui que ce soit ?

Il existe de multiples situations où, pour une raison ou une autre, le désir et l'amour ne sont pas compatibles avec notre histoire. À vrai dire, elles sont tellement courantes que l'on peut parfois se demander comment nous réussissons malgré elles à vivre *aussi* des relations heureuses ! Il faut croire que beaucoup d'entre nous cherchent coûte que coûte, quel que soit le poids de la famille et de ses conditionnements, à soutenir leur désir propre au-delà de toutes les difficultés qu'ils traversent. En effet, c'est une composante essentielle chez l'être humain qui ne se laisse pas si facilement anéantir… Mais, pour l'instant, faisons le tour de tout ce qui peut nous mettre en échec et nous enfermer dans des scénarios dont la fin est toujours la même : l'amour ne peut pas s'y vivre pleinement et s'y déployer avec confiance, plaisir, dans un partage respectueux et vivant.

À qui « appartenons-nous » ?

Y a-t-il une place pour l'autre dans notre univers psychique ? Sinon, qu'est-ce qui, dans notre histoire familiale a pu contribuer à le faire disparaître ? Il s'agit d'une question essentielle : l'altérité a-t-elle été respectée ou non dans la famille ? Cela interroge principalement le droit qu'ont eu ou non les enfants de se détacher de leurs parents, d'être regardés comme des personnes à part entière, et de pouvoir vivre leur vie comme bon leur semble une fois devenus adultes. Or, entre parents et enfants, il existe souvent une difficulté à se séparer les uns des autres, sous prétexte d'amour et de proximité affective. Comment faire la différence entre l'amour parental et l'étouffement ? Le lien est-il source de vie ou volonté de capter l'enfant pour soi et de le garder définitivement sous emprise ? Au fond, sommes-nous tout à fait libres de disposer de nous-mêmes, y compris corporellement ?

Florence dit elle-même avec beaucoup d'innocence et de simplicité que rencontrer quelqu'un n'est même pas « envisageable » pour elle. Elle ne veut surtout pas grandir et couper le cordon qui la rattache à des parents qu'elle continue à idéaliser profondément. Et puis, d'ailleurs, elle ne se sent pas particulièrement femme. Elle ne voit même pas ce que cela voudrait dire concrètement. Pourquoi alors poser la question de la relation puisque le terrain est déjà « occupé » par quelqu'un d'autre ?

Certains parents ne veulent pas – ne peuvent pas – laisser leur enfant partir, grandir et vivre pleinement sa vie d'adulte… Cette difficulté, au demeurant très répandue, constitue l'une des causes les plus fréquentes de l'impossibilité d'entrer en relation sur le plan amoureux. Le choix d'un partenaire devient alors interdit, coupable et finit même par s'évanouir, quel que soit le mode utilisé pour esquiver toute forme de couple. Ce type de situation est généré par un certain type de lien entre parent et enfant et un climat de « fusion » qu'on qualifie d'« incestuel ». Cette problématique est très souvent rencontrée en psychogénéalogie. Difficile à détecter car elle prend les allures de l'amour maternel ou paternel poussé à l'extrême, elle est impossible à dénoncer *a priori* ! Pourquoi rendre suspect le fait que nos parents nous vouent une attention de tous les instants, un attachement indéfectible ? Pourtant, c'est souvent le début d'une piste : où, dans notre histoire familiale, ne peut-on pas se séparer de l'enfant que l'on a mis au monde ?

Que s'est-il passé dans l'arbre généalogique de Florence qui pourrait expliquer cette tendance à garder ses enfants « pour soi » ? Florence retrouve la trace d'une arrière-grand-mère du côté de la lignée maternelle ayant perdu son mari alors qu'elle était enceinte de la grand-mère de Florence. Cette séparation brutale est impossible à accepter pour la future mère. Elle ne s'en est jamais remise. Elle a continué à vivre, mais en portant un regard profondément mélancolique sur le monde et les relations. Une douleur sourde a envahi tout son espace. La grand-mère, élevée comme le seul lien avec le mari décédé, a été sommée de rester dans les parages de sa mère et, quelque part, de remplacer le défunt. Cette confusion des places assez répandue n'est évidemment pas sans effet sur les générations qui suivent.

Dans la lignée maternelle de Florence, ce rapport mère-fille noué autour de l'interdit de se séparer a persisté jusqu'à la mère de Florence, qui considère ainsi sa propre fille comme le seul objet de son amour. Comment cette dernière pourrait-elle s'imaginer une vie de couple alors qu'elle est elle prisonnière de cette identification à l'arrière-grand-père dont on n'a jamais fait le deuil et qui « exclut » tous les autres hommes comme si aucun ne pouvait jamais mériter plus d'importance ni d'intérêt ? Elle porte d'ailleurs le prénom de l'arrière-grand-père au féminin. Oser vivre une relation amoureuse heureuse avec un homme : voilà le défi de la jeune femme. Celui-ci suppose d'oser quitter la place qu'on lui a donnée, d'abandonner ces femmes à leur désolation, de préférer la vie et de donner sa place à d'autres hommes. Cela ne va pas de soi. Le risque existe de se sentir coupable de trahir l'arrière-grand-père, d'être ingrate, d'oublier, alors que ce serait tout le contraire !

Cet exemple montre bien comment notre destin amoureux peut nous échapper complètement parce que nous sommes dépossédés de nous-mêmes à un niveau que nous ne soupçonnons même pas. Avec Florence, tout le travail a porté sur une réintégration de sa propre place qui lui avait été subtilisée très tôt par un climat familial qu'elle n'avait jamais identifié comme toxique. Elle y vivait depuis toujours et, par conséquent, il lui semblait parfaitement naturel. Ensuite, elle ne souffrait en apparence de rien, même si elle se soumettait à d'autres nécessités que la sienne. Elle n'avait absolument pas conscience du vide que cela pouvait engendrer dans sa vie amoureuse.

La fixation au passé : l'objet perdu

Ces fixations aux disparus de l'arbre généalogique ne sont pas rares et on le comprend : il est parfois extrêmement difficile d'accepter que quelqu'un ne soit plus là, notamment dans les cas de morts violentes ou prématurées qui créent une insupportable effraction dans le réel. La mort tragique est très présente dans nos arbres généalogiques : celle qui défait les couples abruptement pour des causes historiques, qui arrache les enfants à leurs parents à travers la maladie ou la mortalité infantiles, les génocides, les exils et autres événements marquants d'une histoire tourmentée. On pourrait penser que tout cela finit par être oublié avec le temps. Et pourtant, on en retrouve souvent la trace sous des formes inattendues. Faire le deuil se révèle parfois impossible. Or, d'une génération à l'autre, ce lien très inconscient avec ces personnages décédés continue à perdurer, enfermant certains dans une fascination morbide. Les descendants peuvent alors être dans l'obligation de trouver une solution à ces pertes qui ne peuvent être intégrées, comme si l'absent ou les absents restaient en suspens et qu'il fallait les faire revenir sous les traits de quelqu'un d'autre, y compris en les cherchant chez leurs partenaires ou en les remettant en scène dans leurs relations. On peut, par exemple, souhaiter « faire revenir » quelqu'un qui remplacerait le disparu. On ne risque pas de le trouver d'ailleurs, parce que nous sommes tous uniques. Cela conforte souvent dans l'idée qu'il ou elle est irremplaçable. Ainsi, la recherche de l'inaccessible dans la relation amoureuse conduit très souvent à ce que l'on appelle un fantôme[1], ou à vivre une absence totale de

---

1. La psychogénéalogie parle de « fantôme » pour désigner un cas de deuil non fait, soit que le corps ait disparu, soit que la mort ait suscité une trop grande souffrance, un choc paralysant, un sentiment d'injustice inacceptable. Ce « fantôme » est une énergie du passé qui continue à s'inscrire dans le présent sous la forme d'une représentation psychique inconsciente.

relation ou, comme Florence, à ne même plus envisager la relation amoureuse comme une éventualité dans une vie de femme.

Voici un exemple un peu différent de celui de Florence. Il est lié, lui aussi, à un deuil impossible, mais génère un autre type d'emprise, tout aussi prégnante que la précédente.

Personne n'en parle plus, mais tout le monde connaît l'histoire… D'ailleurs, le portrait d'une jeune fille, angélique et éthérée trône sur la cheminée de la maison familiale. Elle a disparu en mer. C'était le premier amour du grand-père et il ne l'a jamais oubliée. Il s'est marié avec une autre femme, mais « de loin », sans réellement y être, demeurant secrètement inconsolable.

Céline, sa petite-fille, porte le même prénom que cette jeune fille trop tôt disparue. Pour sa mère, c'était faire cadeau au grand-père (à son père, donc) d'une autre « petite Céline » pour remplacer celle qu'il a perdue. Naturellement, les enjeux sont essentiellement d'ordre œdipien : que cherche-t-elle réellement à travers ce geste ? C'est bien parce que la mère de Céline ne veut pas renoncer à son père que la petite fille est « offerte » à cet homme en deuil, non pas que la mère soit particulièrement attachée à sa fille, qu'elle considère d'ailleurs plutôt comme un objet. En tout cas, pour Céline, sa venue au monde se double d'une mission, d'un rôle et d'une place qui vont la contraindre toute sa vie tant qu'elle n'en n'aura pas conscience : remplacer quelqu'un qui n'est plus là, mais pas n'importe qui et, surtout, pas *pour* n'importe qui. Ici, l'emprise est marquée par un enjeu de non-séparation entre mère et grand-père et non par un attachement de l'ordre de la fusion mère-fille.

Comme Florence, mais pas pour les mêmes raisons, Céline n'a pas le droit à sa place de femme. D'ailleurs, elle non plus ne s'est jamais mariée alors qu'elle est attirante et intelligente. À quarante ans, elle découvre que l'idée même de former un couple ne l'avait jamais effleurée. Elle est l'objet de sa mère, offerte à son grand-père pour toujours. Bien sûr, elle s'est largement prêtée à cette transaction, sans l'avoir décidé consciemment à aucun moment. C'est une place de choix : venir ainsi rappeler, uniquement par sa seule présence, l'icône disparue trop vite, unique objet d'amour d'un grand-père éploré, laisse la porte ouverte à tous les fantasmes. Le premier est largement œdipien : la mère n'en fait-elle pas don à son propre père pour s'assurer de son amour ? Elle lui trouve une « femme de remplacement », ce qui est pour le moins discutable. Ce n'est certainement pas le rôle d'une fille à l'égard de son père.

Les objets de fascination dans la famille

Dans chaque famille, il existe ce genre de personnage emblématique, mais il n'est pas toujours si aisément détectable. Il peut être largement masqué parce qu'il fait l'objet d'un secret, par exemple, ou simplement parce que personne ne s'en souvient et qu'on n'en parle plus... En revanche, il arrive qu'il réapparaisse sous les trait d'un objet de fascination qui *a priori* n'a aucun rapport. L'exemple qui suit va nous montrer comment l'obsession d'un père pour un certain type de femme peut rejaillir sur le parcours de sa fille et exercer une pression dont elle aura du mal à se défaire...

Nathalie ne se sent jamais à la hauteur de ce que l'autre attend d'elle. Persuadée que seule la perfection esthétique donne le droit à une relation heureuse avec un homme, elle n'arrive pas à comprendre que l'on s'intéresse à elle, alors même qu'elle est jolie, vivante et intelligente. Depuis son quarantième anniversaire, elle vit dans l'angoisse de vieillir et de voir son visage changer. Pourtant, rien de tout cela n'est perceptible de l'extérieur. Elle finit par quitter son partenaire, persuadée qu'elle ne vaut plus rien à ses yeux.

Pourquoi cette peur ? De quelle histoire vient-elle ? À quelle injonction, qui serait le « laissez-passer » pour la relation de couple, essaie-t-elle de se plier ? Y a-t-il, comme pour les voyages, des passeports autorisant l'accès au territoire amoureux ? Voici ce qu'elle me raconte :

« Mon père nous parlait tout le temps d'une actrice américaine nommée Kim Novak qui le fascinait. Très tôt, j'ai enregistré que la seule façon d'être une femme intéressante, c'était de ressembler à ce modèle féminin : blonde, lisse, impénétrable. Il s'agit d'une héroïne de film, inaccessible et sur laquelle le temps n'a aucune prise. J'ai passé mon temps à tenter d'incarner ce stéréotype et je n'ai jamais pu réellement entrer en relation autrement avec les hommes. J'étais leur "idéal" et ça suffisait à me rassurer. Peu importait la qualité des échanges : seule mon apparence comptait. Et puis je me suis aperçue que quelque chose commençait à changer. Je n'étais plus si sûre de moi. Combien de temps pourrais-je être à la hauteur de ce mirage ? Et si ce n'était pas éternel ? La foudre s'abattit sur moi lorsque je pris conscience que j'allais vieillir : je n'allais plus servir à rien et personne ne voudrait plus de moi. Jamais... »

Pourquoi le père de Nathalie était-il si attaché au visage de cette actrice américaine élevée au rang d'icône ? « Ce visage est lié à un autre temps, dit-elle, énigmatique, absent, mystérieux et onirique. » Elle se sent étrangement reliée à lui au point de vouloir l'incarner pour tous les hommes. Elle découvre alors un curieux secret. Son arrière-grand-père, le père de son grand-père, avait eu une fille naturelle, qu'il n'avait pas reconnue. La jeune fille s'était jetée dans le vide à l'âge de vingt ans. Nathalie questionna tous les membres de sa famille. Certains montrèrent des photos. La jeune fille apparut ainsi au détour de l'enquête, visage immortalisé sur papier glacé. Elle reconnut le fantasme qui hantait son père depuis toujours sans qu'il sache lui-même d'où il venait. Le plus étrange est que cette actrice américaine incarne au cinéma une femme qui, elle aussi, tombe dans le vide, dans un film très connu…[1]

Cette découverte lui a permis de se séparer définitivement d'une identification à un personnage que son père avait idéalisé sans savoir pourquoi. Elle a pu ainsi retrouver le fil de sa propre vie amoureuse, sans être envahie par des enjeux qui n'étaient pas les siens. Bien sûr, cela l'a aussi obligée, elle aussi, à prendre de la distance avec son père et avec ce qui pouvait la maintenir attachée au fantasme d'être pour lui l'incarnation de la femme idéale…

« De toute façon, ça ne marchera jamais… »

On peut rester fidèle au passé de bien des façons. Il n'y a pas que les deuils non faits qui nous pèsent et nous enferment. Une certaine inclination pour la souffrance, et une impossibilité à se voir heureux, sont des dimensions dont il est difficile de se défaire, parce que totalement diffuses. Ainsi, de posture d'échec en place de victime, nos ancêtres ont très souvent été les complices de leurs destins infortunés.

Je reçois des femmes et des hommes chez qui, depuis trois ou quatre générations, un climat de dépression masquée a largement envahi les ménages et barré la route vers un avenir radieux. Des siècles de mariages ratés, de couples qui se déchirent, ou simplement qui ont cessé d'habiter la relation et la vivent côte à côte sans la moindre communication… Souffrances muettes, ressentiment transformé en

---

1. *Vertigo (Sueurs froides)*, d'Alfred Hitchcock, 1958.

maladies graves, résignation, silence et crises de larmes dont les enfants sont les témoins impuissants. Cet héritage nous met au travail car il est essentiellement fait d'une position figée où la vie ne peut être que malheureuse, ratée, vide. On y est nostalgique d'un bonheur inaccessible que personne n'a jamais connu. Cette vision héritée du romantisme est largement teintée de névrose collective et d'un goût pour la noirceur. Le bonheur semble réservé aux simples d'esprit alors que la souffrance est signe d'élection et de supériorité. Tout cela ne fait que masquer une incapacité à sortir d'une place subie et à transformer l'héritage en cessant de s'y complaire.

Cette aspiration au néant, nous en avons quelque part tous reçu un fragment, mais il ne tient qu'à nous de sortir de cette torpeur et d'admettre que le bonheur et la lumière sont finalement bien plus intéressants…

Avez-vous déjà eu le sentiment que vous n'alliez jamais rencontrer la bonne personne ? Ou que l'amour vous était totalement interdit, comme si, frappé par une malédiction, vous n'aviez pas droit à ce qui était possible pour les autres ? Reconnaissez-vous une part d'attachement familial qui vous empêche de prendre votre envol dans une relation amoureuse satisfaisante ? Y compris à travers des personnages emblématiques de votre arbre généalogique dont on n'aurait pas fait le deuil ?

Généalogie, désir et identité sexuelle : jusqu'où sommes-nous libres ?

Continuons à explorer la notion d'héritage sous l'angle plus spécifique du masculin et du féminin. En effet, nos ancêtres ont vécu et expérimenté la relation depuis leur place d'homme ou de femme, donc avec toutes les questions et problématiques inhérentes à l'identité sexuelle. Comment l'ont-ils ressentie ? Ont-ils eu le droit de se l'approprier ? Tout ce pan de notre histoire familiale va lui aussi résonner dans nos trajectoires amoureuses et influencer notre façon de nous y déployer, y compris sur le plan de la sexualité. Quelle femme, quel homme sommes-nous dans la relation à l'autre ? Comment et jusqu'où pouvons-nous accéder à notre propre désir et le mettre en œuvre ?

D'emblée, on peut dire sans trop se tromper que l'héritage est en général assez lourd pour la plupart d'entre nous. Remontons jusqu'à l'époque de nos arrière-grands-parents : combien de relations amoureuses sont-elles restées en suspens dans nos arbres généalogiques ? Rêvées, fantasmées, mais jamais réellement vécues ? Combien d'entre elles ont été synonymes de devoir, de soumission, de frustration ou d'humiliation ? Pour toute une série de raisons, dont beaucoup sont liées à des questions de morale et de tabous autour de la sexualité et du désir, nos ancêtres ont souvent renoncé à une vie amoureuse pleinement satisfaisante. Qu'elles soient de l'ordre du sacrifice de la sexualité, d'une véritable misère relationnelle et conjugale, ou encore de traumatismes plus violents, leurs difficultés ont pu disparaître, en surface. Mais leur impact, même s'il est invisible, reste présent et opérant dans nos vies à travers tout ce qui nous en a été transmis.

Nos mères, grand-mères et arrière-grand-mères, même si la question ne se posait pas alors de façon aussi explicite, étaient déjà concernées par leur *Animus*. Il en va de même pour tous les hommes de nos arbres généalogiques en ce qui concerne l'*Anima*. Autant dire qu'il nous reste certainement du travail, car, pour beaucoup, cette intégration n'a jamais pu être réalisée. Pourquoi ? D'abord, parce que l'idée même d'une part inconsciente n'allait pas de soi pour les générations précédentes, et que les relations de couple étaient plutôt régies par d'autres nécessités. Aujourd'hui, en revanche, il nous revient de mieux comprendre les enjeux liés au passé, et les problèmes que cela continue à nous poser. À nous de prendre en main ce qu'il reste à faire.

146

Le désir et l'histoire familiale font-ils bon ménage chez vous ?

La relation est aussi affaire de rencontre corporelle et sexuelle, bien sûr, et donc entre deux personnes qui prennent possession de ces « territoires » et les insèrent dans leurs échanges « au quotidien » avec plus ou moins de facilité. Être à l'aise avec le fait d'être homme ou femme et de pouvoir incarner sans tabou la dimension du désir et du plaisir ne va certes pas non plus de soi, compte tenu de l'héritage des générations précédentes.

Ce sujet qui nous semble libéré de toute contrainte aujourd'hui ne l'est pas depuis si longtemps, et pas vraiment en profondeur. Les traces des interdits et représentations plus anciennes sont inscrites en nous, que nous le voulions ou non. Ces mémoires ambivalentes charrient des images sombres, difficiles à nommer et à assumer dans une vie moderne où la jouissance devient une obligation. On peut bien sûr convertir tout cela et en faire quelque chose de plus vivant et lumineux, mais il importe de ne pas s'illusionner sur la puissance de cet héritage qui encombre encore aujourd'hui de nombreuses relations entre hommes et femmes.

« Pour ce qui est du désir, c'est simple : c'est zéro ! Je suis sûre que, non seulement, aucune femme n'a jamais été heureuse avec son mari, mais qu'en plus la plupart d'entre elles vivaient la sexualité comme un cauchemar... ». Joséphine n'a pas hésité une seconde. Elle se souvient des femmes de son arbre généalogique qu'elle a connues et constate avec tristesse que les notions de désir et de sexualité étaient non seulement taboues, mais, encore pire, honnies. Pour toutes, c'était synonyme de honte, de soumission, de désespoir. « Au fond, jamais de plaisir ni quoi que ce soit de l'ordre d'un

147

partage vivant. Quant aux hommes, ils faisaient ce qu'ils voulaient, mais sans vraiment respecter ni leurs femmes légitimes, ni leurs maîtresses utilisées comme des objets sexuels... ».

Pour Joséphine, toute cette histoire a eu des répercussions très directes : pas question d'être « du mauvais côté » ! Mais elle en paie aussi le prix car elle ne peut pas faire ce qui lui convient sous peine de se sentir déloyale. Si les hommes sont tous des ennemis, comment pourrait-elle se relier à qui que ce soit de la gent masculine ?

La difficulté chez les femmes d'investir le corps

Que transmet-on aujourd'hui de mère à fille sur la sexualité, sur le devenir du couple, sur l'accès à sa propre jouissance, sur le rapport au corps ?

Beaucoup de mes patientes, petites, ont capté un discours plutôt pessimiste alimenté par un certain nombre de situations de souffrance ou de rejet de la sexualité : pour l'une, un couple de parents totalement infantile et dysfonctionnant ; pour une autre, une grand-mère qui s'était mariée par obligation et détestait la sexualité ; et pour une autre encore, une lignée de femmes humiliées par des hommes autoritaires. Autant dire que dans leur imaginaire, être une femme ne va certainement pas de soi, et encore moins au niveau sexuel.

« *Nous aimons les hommes comme nous aimons nos mères* », dit Danièle Flaumenbaum[1], en parlant des femmes : donc d'un amour asexué. L'héritage se vit principalement autour de deux dimensions : la difficulté de se relier à ses sensations corporelles et celle de s'inventer

---

1. *Femme désirée, femme désirante*, Danièle Flaumenbaum, Payot 2006.

librement la sexualité qui nous correspond, hors des stéréotypes et des images véhiculées dans ce domaine. Or, comme tout le reste, nous sommes profondément influencés par le discours ambiant qui normalise nos relations. Mais au fond, personne mieux que nous ne peut savoir ce dont nous avons besoin. Pour y répondre, il nous faudrait une liberté que nous ne possédons pas entièrement, justement à cause du biais crée par l'héritage dans notre relation au corps.

> Je pose la question à Joséphine : « Qu'est-ce que c'est, pour vous, être une femme ? » Je connais déjà une partie de la réponse. « Être une femme, c'est humiliant, catastrophique et dévalorisant. Bref, ce n'est même pas envisageable. » Mais alors, que peut-elle espérer comme relation à l'autre, si elle se place toujours en dehors de ce qu'elle est réellement et de ce dont elle aurait besoin ?

D'une certaine manière, et comme beaucoup de femmes aujourd'hui, au fond d'elle-même, elle ignore tout de ses désirs véritables…

Nos choix amoureux ont toujours un sens... Mais lequel ?

Reprenons le fil de nos exemples… Quelles que soient les péripéties que chacun et chacune ont traversées, une vérité intérieure a fini par émerger au cours du travail thérapeutique. Cette musique très personnelle, d'abord à peine audible, devenait de plus en plus présente et intelligible. Elle se dévoilait immanquablement dans la manière dont les protagonistes *choisissaient* leurs partenaires. Quelque chose d'essentiel se disait, même si le sujet semblait parfois relever d'une dimension profondément mystérieuse. Et si leurs choix, nos choix, avaient *toujours* un sens ?

Même quand elles semblent absurdes, inadaptées, insatisfaisantes, nos relations pourraient-elles avoir une *finalité* ? Pourraient-elles réellement être anodines, hasardeuses, inutiles, alors même qu'elles servent notre parcours ? Nous ne ferions ainsi jamais d'erreur, mais plutôt des tentatives pour nous rapprocher de plus en plus de nous-mêmes, au plus près de ce que nous sommes.

C'est donc à travers la question du sens que nous allons continuer notre voyage à travers la relation amoureuse. Pour mieux saisir comment nous cherchons sans cesse, parfois malgré nous, à en retrouver la trace, quel que soit le prix à payer.

Décrypter nos choix

Voilà toute l'histoire de notre vie : comment, au fond, notre propre désir émerge-t-il des différents formatages familiaux et collectifs auxquels nous sommes soumis ? Qu'est-ce qui le rend enfin possible ? Par quels chemins doit-on passer ? Tant bien que mal, d'ajustements en crispations, de conflits violents en accords profonds et évidents, nos choix amoureux nous promènent à l'intérieur d'une trajectoire complexe vers le déconditionnement et la réconciliation avec nous-mêmes.

Subir ou s'individuer

L'être humain aspire profondément à s'accomplir. Qu'il le sache ou non, qu'il le reconnaisse ou passe totalement à côté, ce mouvement vers la complétude, nommé *processus d'individuation*[1] par les jungiens, est en marche dès que nous naissons. Il ne tient qu'à nous de l'accompagner au mieux pour nous ancrer dans une vie qui a du sens. Nos choix amoureux peuvent eux aussi refléter ce mouvement d'un inconscient qui cherche à devenir conscient ou, à l'inverse, nous figer dans des histoires de couple où nous ne confrontons rien. Ces dernières peuvent parfois être confortables, ou conformes à d'autres valeurs que les nôtres, ou encore entièrement tournées vers la sécurité. Mais il n'est jamais sûr que la vie ne nous pousse pas, à un moment ou un autre, à sortir de cet arrangement douillet pour rencontrer quelque chose de nous que nous avons largement mis de côté, par déni ou par ignorance.

Pour Frédéric, l'idée même de pouvoir choisir en fonction d'autres valeurs que celles de sa famille n'existait pas au début de son travail thérapeutique. Cela reste vrai, aujourd'hui encore, pour beaucoup d'entre nous. Il n'est pas facile d'envisager une vie fondée sur des aspirations personnelles ou de se donner le droit de sortir des sillons tracés d'avance. Cela nécessite bien sûr d'en avoir envie profondément et de reconnaître à quel point nous en avons besoin. Ce

---

1. Il y a, pour chaque être humain, une aspiration vers la totalité nommé « processus d'individuation » par C.G. Jung. Il s'agit d'un mouvement de fond, au service d'un projet qui dépasse les seules inclinations et exigences du Moi. Il passe notamment par la réconciliation des opposés, en soi, en vue d'une intégration plus complète de la personnalité consciente et inconsciente.

156

désir-là est présent au fond de chaque être humain, mais il nous met face à notre solitude fondamentale et nous demande de rassembler courage, audace et détermination pour affronter tous les interdits, qu'ils soient personnels ou familiaux.

Rien n'est fortuit !

Nous allons à présent analyser *comment* la relation nous pousse à évoluer et à en apprendre un peu plus sur nous-mêmes. Contrairement à ce que nous croyons souvent, l'autre n'arrive jamais par hasard dans notre vie. Il nous invite à vivre avec lui une expérience spécifique, qui nous touche et nous mobilise d'une façon inédite, toujours à un moment *précis* de notre parcours, même si c'est dans le cadre d'un scénario que nous ne connaissons que trop bien et que nous avons déjà joué avec d'autres. Lors de cette rencontre, nous pouvons apprendre quelque chose de nouveau et, pourquoi pas, nous métamorphoser, y gagner en liberté, en connaissance de nous-mêmes, en profondeur. Nous pouvons même sentir que nous progressons et que chaque relation, chaque expérience nous amènent plus près du but.

Ce point de vue peut paraître difficile à adopter lorsqu'on vit des choses douloureuses ou qu'on se trouve aux prises avec des questions insolubles. Pourtant, si on l'accepte, cela peut nous aider à comprendre que ce qui nous arrive est… une étape de plus, et non simplement une série d'événements sans aucun lien ou une anomalie du destin dont nous devrions nous défaire au plus vite.

Il est vrai que, depuis très tôt dans la vie, notre éducation est gouvernée avant tout par la nécessité de nous adapter au monde par le biais d'une approche rationnelle, plutôt formatée et normative. Rarement avons-nous accès à de véritables expériences initiatiques car nos sociétés se sont globalement détournées de cela. Ainsi, jamais la relation amoureuse n'est-elle envisagée comme un rite de passage, une étape de découverte de soi, une nécessaire confrontation à notre monde intérieur et à ses démons. Nous restons à la surface des choses, persuadés qu'il s'agit uniquement d'y trouver un plaisir partagé et confortable. Or la relation amoureuse nous fait directement plonger au cœur même de ce qui, en nous, a besoin d'être mis en lumière, entendu, reconnu et transformé : précisément là où nous n'aimons pas aller.

En outre, l'idée que la vie a un sens ne va pas de soi dans le monde actuel. La perspective selon laquelle nous progressons depuis la naissance vers une identité plus riche, mieux intégrée, est loin de faire l'unanimité. Se penser en termes de trajectoire où le meilleur est à venir semble pour certains totalement fantaisiste ou irréaliste. Notre société engluée dans des contradictions et des confusions de toute nature ne génère pas si facilement une vision positive de nos destinées individuelles. Au contraire ! Pourtant au cœur de chaque être humain, quelque chose cherche sa voie, même si c'est totalement invisible.

Pour Emmanuel, imaginer que la vie a un sens était déjà en soi un affront : je sentais bien à quel point cette idée le contrariait profondément. Il paraissait pourtant utile qu'il en prenne conscience pour aller plus loin. Il ne s'agissait pas de lui imposer ma propre vision mais plutôt de le familiariser petit à petit avec l'approche jungienne, où ce qui nous arrive à l'extérieur n'est jamais que le reflet de ce qui se passe en nous, dans les tréfonds de notre psyché. Bien sûr, en apparence, Emmanuel était en échec : il avait atteint la quarantaine et se retrouvait pris au piège d'une relation destructrice, dont il ne comprenait rien. Son choix semblait négatif, absurde et tendait à prouver qu'il faisait complètement fausse route. Il lui fallut du temps pour accepter que ce qu'il vivait n'était non seulement pas le fait du hasard, mais pouvait être envisagé comme nécessaire et potentiellement riche d'enseignement.

Où et comment pourrions-nous reconnaître cette aspiration à évoluer, alors que notre monde intérieur nous échappe ainsi que tout ce qui s'y passe ? Imaginons que nous puissions saisir derrière le désordre apparent de nos relations amoureuses une proposition de changement de niveau de conscience, une lecture plus profonde et plus « initiatique », que nous reconnaissions comment toutes ces expériences témoignent, au contraire, d'une véritable *intelligence* qui nous guide et nous inspire. Aussi paradoxales et inintelligibles que soient nos rencontres, elles ne font pourtant qu'exprimer, à leur façon, un message crucial que nous nous envoyons à nous-mêmes et que nous avons besoin d'entendre à tout prix pour nous maintenir en équilibre, voire pour découvrir et préserver en nous l'essentiel.

Il est alors question d'approcher de plus près les rouages internes de la relation, en nous demandant constamment « *pour quoi faire ?* ». Pourquoi jouer et rejouer toujours le même rôle ? Pourquoi revivre à l'infini l'échec, la souffrance, le rejet sur le plan amoureux ? En fait, le symptôme serait enfin écouté comme l'expression *codée* d'une autre logique, obéissant à des motivations inconscientes, plus lointaines. Il deviendrait alors un guide précieux, au lieu de n'être qu'une source de tourments et d'insatisfactions.

Identifier le challenge

Il nous faut d'abord comprendre en allant au-delà des apparences ce qui se joue pour nous dans la relation que nous vivons (ou dans son absence) et ce que nous aurions éventuellement à apprendre de nouveau sur nous-mêmes, voire à dépasser ou à transformer en nous y confrontant. Pourquoi maintenant ? À quoi cela peut-il bien correspondre dans notre histoire ?

Pour chacun et chacune d'entre nous, cela se jouera différemment, bien sûr. Mais on peut déjà distinguer un certain nombre de points à explorer pour tenter de relier nos souffrances ou nos difficultés à quelque chose de plus vaste : que pouvons-nous entendre derrière le « symptôme » ? S'agit-il d'un héritage, d'un positionnement inapproprié lié à une question de place, à un conflit de valeurs, à des loyautés familiales ? S'agit-il de questions liées à la triangulation œdipienne ? S'agit-il d'un fantôme, de notre part masculine ou féminine inconnue, ou de l'ombre que nous avons toujours refoulée et qui cherche à devenir plus consciente à travers les traits de nos partenaires ? Parfois, ce qu'il vient y faire paraît tout à fait positif. À d'autres moments, cela peut sembler au contraire nuire à notre équilibre, voire nous « faire du tort ». Mais en réalité, il se pourrait bien que nous ayons besoin de vivre cette expérience, à ce moment-là, qu'elle soit « bonne » ou « mauvaise ».

Il arrive toujours un temps où cette question est abordée en analyse. Elle déclenche, selon les cas, de la colère, de la résistance, de la tristesse ou de la joie, mais elle ne laisse jamais personne indifférent. Elle constitue à chaque fois un tournant majeur dans le processus thérapeutique : un véritable basculement où toutes les composantes de la relation se réassemblent, dessinant une image bien plus claire, bien plus cohérente.

> Emmanuel me regarde avec une certaine colère, mais je lui pose la question quand même : « La vie vous a proposé cette rencontre avec Irina. Quel sens cela a-t-il pour vous, même si ce que je vous demande-là vous paraît aujourd'hui totalement absurde et, de surcroît, inacceptable ? »

C'est une question qui n'est pas facile à formuler en face de quelqu'un en pleine souffrance. Mais s'il vient, c'est qu'il est, à un endroit, toujours en quête de vérité. À moi de l'amener le plus doucement, mais le plus fermement possible, à comprendre que son choix révèle aussi une part de sa lumière, même lointaine, même enfouie et qu'il lui appartient de déceler ce que ce choix lui propose : une autre vision de lui-même ? Un changement de scénario ? Une meilleure compréhension de sa place dans le couple ? Une rencontre avec sa part féminine ? Tout à la fois ?

Une question de trajectoire

À quelle étape sommes-nous arrivés ?

Chaque rencontre n'est donc qu'un palier qui nous amène un peu plus loin dans l'émergence de notre forme singulière et nous propose une confrontation avec ce qui n'a pas encore été rendu conscient, y compris dans notre histoire familiale. Nous pouvons finalement presque l'imaginer comme le reflet de la relation que nous entretenons avec nous-mêmes à un moment particulier de notre vie... C'est pour cela que les mauvais choix n'existent pas. Bien sûr, il y en a de plus confortables et de plus heureux que d'autres, mais tous ont leur raison d'être en fonction du moment que nous traversons et nous révèlent ce qui nous « reste à travailler » sur le chemin de l'individuation, pour peu que nous *acceptions* de nous mettre au travail !

Que sommes-nous censés découvrir ? Pourquoi cette relation apparaît-elle maintenant ? Ces questions nous ramènent à l'enjeu essentiel : dans le dévoilement de notre identité profonde, où en sommes-nous arrivés ? Pourquoi lui ? Pourquoi elle ? Pourquoi à ce moment *précis* de notre vie ? Y a-t-il quelque chose à déchiffrer dans la manière dont nos relations amoureuses s'engagent ? Pourrions-nous en saisir l'intention ? Nous pouvons organiser notre quête de sens en explorant un certain nombre d'éléments.

- **Tout d'abord, en termes d'autonomie,** sommes-nous dépendants de l'autre, ou pouvons-nous vivre sans avoir besoin de sa présence en permanence ? N'oublions pas l'étape du lien mère-enfant ! La majorité des couples fusionnels cherchent à renouer avec cette période de la vie, où la mère entoure son enfant et répond à ses besoins. Ce n'est pas pour autant « bon signe » pour le couple quand aucune distance n'est possible.

- **Ensuite, en termes de liberté intérieure,** sommes-nous fidèles à nos valeurs, ou ne faisons-nous qu'obéir à des désirs plus anciens qui ne nous concernent plus ?

- **Pour terminer, en termes d'expression personnelle,** l'autre nous sert-il à incarner ce qui, en nous, n'est jamais devenu conscient, ombre, *Animus, Anima* ? Est-il uniquement le porte-parole de nos voix intérieures ignorées ?

Se transformer : jamais l'un sans l'autre

La relation, par nature, impacte forcément les deux partenaires. Ce ne sera pas de la même façon, ni au même endroit, ni pour les mêmes raisons. Cependant, chacun rencontre bien la personne dont il a besoin à l'endroit où il est « arrivé ». Cela fonctionne assez bizarrement *dans les deux sens,* comme si nous avions l'un et l'autre le flair nécessaire pour nous trouver, au moment voulu, pour les raisons qui nous sont propres ! Ainsi Emmanuel, qui a besoin de se confronter à l'*Anima*, rencontre Irina, qui, compte tenu de son passé familial, doit se défaire de certaines attentes liées à son histoire pour devenir plus autonome.

> La grand-mère d'Irina rêvait d'un mariage avec un homme qui la ferait sortir de sa condition de servante, comme des millions d'autres femmes, à des époques plus reculées, et encore parfois de nos jours. Certes, le rêve ne se réalisait que très rarement. Il ne disparaissait pas pour autant, mais se transformait en une rancœur amère, que le conjoint réel devait supporter tous les jours. Il payait souvent le prix de l'espoir déçu, comme les enfants d'ailleurs, dont certains se chargeaient de trouver, enfin, celui ou celle qui leur permettrait de le réaliser. Et, deux générations plus tard, ce fut Irina qui reprit entièrement à son compte le fantasme de sa grand-mère, et qui, tout en se considérant comme une jeune femme « moderne », cherchera à se caser à tout prix dans un couple reconnu, avec un mari qui la rassure et la traite comme une princesse, au détriment de sa vie passée.
>
> Mais étrangement, ce n'est pas cet homme qu'Irina rencontre. Ses rêves de princesse s'évanouissent comme un château de cartes. Elle rencontre Emmanuel, qui la voit certes comme une déesse, mais rien de ce qu'il lui accorde n'est jamais suffisant pour combler le rêve de grandeur dont elle a hérité. De son côté à lui, le pouvoir qu'il lui confère le complexe profondément, l'inquiète et le ramène imperceptiblement à une place de petit garçon. Ainsi, tous les deux sont, pour l'instant, pris au piège, mais pas au même endroit. Pour chacun, l'enjeu est bien de progresser : pour Irina, en s'affranchissant du besoin de réparation, et, pour Emmanuel, en reconnaissant enfin en lui l'existence d'une part féminine enfouie et négligée depuis trop longtemps.

En fait, Emmanuel sera le seul à s'interroger sur son histoire et à récolter ainsi les fruits de son travail en thérapie. Irina ne veut entendre parler d'aucune remise en question : pour elle, c'est lui qui a des problèmes et à aucun moment elle ne fera l'effort de se demander pourquoi elle l'a rencontré, ni comment elle pourrait participer à la mise en lumière de ses propres problématiques pour donner une chance à la relation. Autant dire que, dans un cas comme celui-là, l'avenir du couple qu'ils forment est sérieusement compromis. Mais Emmanuel a quand même tiré son épingle du jeu et, si elle n'a pas bougé, lui, au contraire, a réussi à passer complètement à autre chose.

Changer de partenaire : solution ou illusion ?

Que se passe-t-il si on est seul à se remettre en cause, à chercher d'autres pistes pour fonctionner ensemble, mais sans l'autre, ou si l'on sent que la relation ne nous apporte plus ce dont nous avons besoin ? Cela nous place face à une série de questions incontournables. Faut-il rompre ? Faut-il changer de partenaire si ce dernier n'accepte pas que quelque chose se transforme dans le rapport amoureux et reste figé sur ses positions ? Autant d'interrogations auxquelles il faut bien se garder de répondre sans prendre en compte la **totalité** de notre histoire ! Car, dans ce domaine, généraliser ou, pis, essayer de résoudre une situation en appliquant une méthodologie écrite à l'avance se révèle totalement stérile.

En examinant de plus près ce qui lui a manqué avec sa femme, Michel s'aperçoit qu'au fond, il n'a jamais pu être complètement lui-même dans cette relation. Il lui fallait sans cesse donner l'image d'un mari équilibré, d'un père attentif, calme et sans histoire : cela ne lui était pas si naturel. Il a longtemps fait semblant d'être cet homme posé et responsable, qui prenait en charge femme et enfants sans rien demander en échange, collant au plus près à ce qu'on attendait de lui. Mais cette place, largement inspirée de son grand-père maternel, lui a pesé de plus en plus car elle lui interdisait tout écart, toute manifestation de fragilité ou de doute. Or, comme chaque être humain, Michel craquait de temps en temps et aurait eu besoin d'exprimer cette voix plus sensible, plus « féminine », parfois même un peu chaotique.

Aujourd'hui, il sent qu'il est temps pour lui de commencer à dévoiler cette part de lui-même et de la vivre dans la relation. L'émotion, l'intuition, la fragilité, le droit à l'erreur : Michel souhaite pouvoir les incarner pleinement. En revanche, il sait que sa femme, au fond, ne veut d'un homme que s'il s'aligne profondément sur l'image de son père et de son grand-père : des hommes « sérieux » auprès de qui elle peut continuer à jouer la petite fille rebelle, lui interdisant ainsi d'être tout simplement qui il est.

Il n'est nul besoin de changer de partenaire à chaque fois que la relation se transforme, à condition que l'espace entre les deux permette une redéfinition des places, des rôles et laisse à chacun la liberté de se déployer librement. Bien sûr, ce n'est pas toujours possible. Cela demande un certain degré de mobilité intérieure et de disponibilité à la vie. Et, surtout, cela suppose d'accepter le changement, *tous* les changements.

Pouvez-vous dessiner votre trajectoire amoureuse en nommant les expériences et relations les plus marquantes pour vous ? Voyez-vous un schéma répétitif ? Une trame ? Un fonctionnement récurrent ?

Pourriez-vous identifier ce que chacune de vos rencontres vous a appris sur vous-mêmes ? Quelles sont celles qui vous ont transformé ? Qui vous ont fait souffrir ? Qu'en avez-vous retiré ?

Relever le défi

La vie, à travers chaque nouvelle relation, nous propose de changer de posture, de résoudre une question, de reprendre à notre compte quelque chose qui n'a pas encore été intégré, ou pas jusqu'au bout… Pourquoi en parler en termes de défi ? Parce qu'il s'agit de dépasser des peurs, de repousser les limites de ce qui nous enferme et en même temps d'affronter ce qui, en nous, cherche à se maintenir dans le connu, le prévisible, le familier, malgré la souffrance que cela engendre… Puisque ce chemin ne va pas de soi, il peut être utile de le décomposer en un certain nombre d'étapes que chacun pourra replacer librement dans l'ordre qui lui convient afin de rendre le défi plus facile à comprendre et aussi de sentir quelles sont nos forces et nos points faibles. Car nous avons nécessairement des peurs et des résistances qui varient beaucoup d'une personne à l'autre. Nous ne sommes pas tous à l'aise quand il s'agit de transformation et nous n'avons pas face à cela les mêmes ressources, ni le même potentiel.

Transformer la souffrance en ouverture

Pour commencer, nous n'aimons pas souffrir. Pourquoi d'ailleurs en serait-il autrement ? Qui pourrait se réjouir d'avoir des problèmes, d'être en échec, de ne rencontrer personne ? Nous préférons regarder ailleurs, en cherchant des solutions rapides et efficaces, sans prendre en compte le message que ces situations nous adressent de l'intérieur ni le besoin de changement dont elles témoignent. Mais qui dit souffrance, dit aussi que quelque chose n'est pas à sa place. Il faut d'abord le reconnaître, pour ensuite y remédier et donc nous défaire de schémas, comportements, croyances, représentations qui n'ont plus lieu d'être afin d'adopter une vision mieux adaptée à la réalité de ce que nous vivons. Dans tous nos exemples, chacun et chacune de mes patients devait transformer un ou plusieurs éléments de la relation, ou sa manière d'y prendre place et cesser de s'en servir pour alimenter des comportements stériles ou des demandes inaccessibles ou injustifiées. Or, c'est bien le fait de souffrir qui les a amenés à venir y travailler. Sinon, ils n'auraient pas éprouvé le besoin de demander de l'aide et rien n'aurait bougé dans leur vie. La souffrance est toujours le signe d'un équilibre nouveau à inventer.

Reconnaître la puissance de l'inconscient

Si c'est inconscient, c'est inaccessible… Combien de fois ai-je entendu cette phrase chez mes patients, sous cette forme ou sous une autre. Philippe a été le plus résistant de tous. « *Vous et votre inconscient !* » m'a-t-il dit plus d'une fois d'un air sarcastique… Je sentais qu'il nous en voulait, comme s'il avait eu en face de lui deux alliés qui se riaient de son impuissance. Il m'a fallu longtemps pour lui faire entendre que j'étais de son côté. Et l'inconscient aussi ! Bien sûr, c'est souvent difficile d'accepter que quelque chose en nous a pris le pouvoir et que nous sommes soumis à un processus qui nous échappe. Y compris dans la relation à l'autre.

Lorsqu'on ne voit d'une relation que l'aspect frustrant et dérangeant, on peut complètement passer à côté de sa finalité profonde. Pour Emmanuel, par exemple, il s'agissait de mettre au jour comment il avait projeté sa part féminine inconsciente sur une femme extérieure. Mais au départ, ce défi lui était totalement inconnu et il a mis longtemps avant de comprendre ce dont il était question. Le changement d'attitude requis (se réapproprier l'*Anima*) n'a été possible que lorsqu'il a pu comprendre pourquoi il avait justement choisi cette femme-là et pour quoi faire.

Nous sommes, pour la plupart, coupés de ce qui se passe à l'intérieur de nous, par méconnaissance très souvent, et aussi par peur. Cette posture nous condamne à ne voir qu'une partie du sujet et nous condamne à ne pas pouvoir répondre aux questions qu'il nous pose. Non seulement l'inconscient est tout sauf notre ennemi, mais c'est, aussi bizarre que cela puisse paraître à certains, notre allié le plus sûr. Notre vie entière n'est qu'une tentative de mise en ordre à partir de notre désir profond, et non à côté, ni contre lui. L'accès à la réalisation de nous-mêmes, à la réussite de nos relations et à l'ensemble de notre intégration dans la vie repose sur cette qualité du lien que nous mettons en place avec notre intériorité, quelles que soient notre nature, notre éducation ou notre histoire familiale. Nous sommes tous logés à la même enseigne : le défi, pour chacun et chacune, consiste à entendre cet appel et à y répondre le mieux possible. C'est bien à cet endroit que la relation amoureuse nous convoque.

Identifier et soutenir notre désir propre

Frédéric aura-t-il raison des interdits familiaux ? Pourra-t-il un jour s'autoriser à choisir quelqu'un tout simplement parce que cette personne lui plaît ? Oui, mais à condition qu'il renonce à faire plaisir à famille, qu'il cesse de jouer le fils modèle, qu'il assume qui il est et qu'il refuse de se trahir.

Nous ne sommes pas là pour répondre à ce que d'autres attendent de nous. Mais il nous faut parfois toute une vie pour accepter cette idée. Au fond, il s'agit ici de déposer un ancien système de valeurs au profit d'une nouvelle forme, la nôtre, et de la soutenir suffisamment pour qu'elle puisse éclore dans la réalité. Mais encore faut-il y croire… et en avoir envie !

Personne ne peut savoir à l'avance si le travail thérapeutique portera ses fruits et permettra de faire émerger notre véritable personnalité. En revanche, ne pas se confronter à ce défi, même si c'est profondément confortable et rassurant, ne donnera jamais l'assurance d'une vie réussie. Tôt ou tard, le désir non vécu, non assumé et non reconnu refera surface, quel que soit le verrouillage effectué au nom d'une tranquillité de bon aloi.

« Inviter tout le monde au banquet »

Une des étapes de ce chemin de reconnaissance passe par le changement de regard sur nous-mêmes. D'une vision réductrice et limitée, il nous faut, à un moment, pouvoir embrasser l'ensemble de notre personnalité comme une totalité, dont nous n'aurons d'ailleurs jamais fait le tour entièrement.

Claude a besoin de fantaisie, de créativité et d'un soupçon de chaos dans sa vie bien ordonnée et vouée au travail. Jamais elle n'avait osé se l'avouer avant et pourtant, c'est bien cela qu'elle recherche chez ses partenaires. Mais si elles l'incarnent, elle entre alors immédiatement dans un rôle de « parent normatif » : puisqu'elle n'y a pas droit, pas question que quiconque puisse le vivre !

Quelle partie de vous avez-vous ignorée ou négligée jusqu'ici ? C'est une dynamique classique de la relation de rechercher chez l'autre ce que nous nous interdisons, mais cela ne nous plaît pas pour autant de le trouver ainsi incarné ! Pourtant, c'est à chaque fois une occasion de mieux voir ce que nous nous refusons et de commencer à l'intégrer, avec le reste de ce que nous sommes, avec tout le respect que nous lui devons.

(Se) Faire confiance

C'est ce qui a été le plus difficile pour Anne. Constamment menacée par la peur que le scénario d'origine ne se répète, elle a longtemps résisté à croire que quelque chose d'autre puisse s'installer avec un homme. Bien sûr, il a fallu du temps et une qualité de lien qui puisse tenir suffisamment malgré tous les efforts qu'elle faisait pour le faire disparaître. Un jour, elle a simplement pu lâcher prise et accepter de prendre le risque...

Confiance : le maître mot dans la relation. Qui a suffisamment confiance en l'autre est mis à l'abri du doute et de ce terrible sentiment d'impuissance en face des dangers qui le guettent : abandon, trahison, rejet... Mais peut-on avoir réellement confiance en une autre personne, surtout si cela ne s'est pas installé dès le départ ? Comment penser les choses autrement qu'en les marquant du sceau de la détresse, ou de la peur ? Comment inscrire une relation dans le temps qui lui est imparti, sans précipiter les choses frénétiquement vers leur terme, simplement parce que c'est plus facile de s'en débarrasser que de prendre le risque de les perdre ?

Faire confiance ne s'improvise pas. Notre parcours relationnel devrait commencer par là mais c'est loin d'être toujours le cas. Tout d'abord parce que la relation mère-enfant n'est jamais aussi simple ni dénuée d'affects ambivalents. Sans confiance, la relation est possible à condition d'accepter de prendre un risque, de lâcher à la fois la rancœur et le ressentiment de l'enfant blessé en nous et qui s'est verrouillé – en partie ou en totalité –, et, pour finir, de cesser de nourrir la peur. Cette dernière est toujours profondément inscrite dans notre corps, qu'elle soit création mentale, scénario, ou projection dans l'avenir. Nous avons aussi le droit de ne pas nous y complaire en participant activement à ces représentations négatives. Bien sûr, rien de tout cela n'est facile, mais ce n'est qu'à ce prix qu'une relation pourra vraiment s'établir dans toute sa fluidité.

L'empreinte des premiers attachements, si elle est puissante, n'est pas pour autant définitive : la psychothérapie, notamment, permet de restaurer certains liens défaillants depuis la toute petite enfance et de ne plus projeter dans le présent des expériences qui n'existent plus. Bien sûr, c'est un processus parfois très long que de guérir de certaines blessures relevant du tout premier lien que nous avons connu.

174

Cesser de vouloir se « mettre à l'abri de tout »

Une vraie relation n'est pas là pour nous mettre en sécurité. C'est bien le problème : nous cherchons souvent un, voire deux parents, avec qui revivre, enfin, ce bonheur suprême et cette fusion idylliques qui nous manquent tellement depuis toujours. Ce piège d'une nostalgie – parfois féroce –, nous ramenant sans cesse dans des bras nourriciers et un berceau réconfortant, nous pousse à prendre l'autre en permanence pour ce qu'il n'est pas. Il ne doit d'ailleurs jamais, à aucun prix, le devenir, même si, parfois, il n'attend que ça. Or, cette aspiration est omniprésente, surtout chez les femmes qui, même si elles veulent s'émanciper des modèles familiaux, ne sont pas pour autant si prêtes à y renoncer.

Pour aller plus loin…

D'autres étapes plus spécifiques, selon les questions qui nous occupent, pourront être nécessaires à franchir : il s'agira alors de quitter des comportements devenus inadéquats, de se réconcilier avec des parts oubliées ou niées depuis des générations, de relier enfin masculin et féminin, ou encore de solder de vieilles querelles qui n'ont plus lieu d'être…

Ne plus chercher à régler des comptes familiaux

Faire payer ! Laurence se souvient de cette fois où elle a compris ce qu'elle cherchait dans ses relations avec les hommes. C'est venu si naturellement… Il lui semblait que toute sa vie elle n'avait attendu que ça : ce moment délicieux où, enfin, les « coupables » seraient définitivement punis… Mais il fallait sans cesse revivre la scène car une fois n'a pas suffi pour se libérer de ce besoin. Il a fallu la rejouer avec des hommes, alignés comme des trophées pour finalement les jeter, l'un après l'autre.

Il y a quelque chose de terrible dans la compulsion de répétition liée à la famille : on ne sait pas d'où elle vient. Elle prend la forme d'une violence intérieure inexplicable, qui pousse à détruire ou à souffrir, encore et toujours. Mais nous payons le prix fort car cela nous oblige à nous mettre au service d'un autre désir que le nôtre, à recréer dans le présent des situations qui n'existent plus depuis longtemps et à nous enlever toute possibilité d'être créatif dans nos relations. Ainsi Joséphine n'avait-elle pas vraiment le choix : si elle était le justicier de ses lignées, elle ne pouvait pas, en même temps, s'épanouir librement avec un homme !

Renoncer à être loyal

Renoncer à sauver « l'honneur bafoué » des femmes de sa famille n'a pas été simple pour Joséphine : depuis toujours, cette tâche s'était imposée à elle comme la plus importante de sa vie. Cela passerait avant tout le reste et il n'était pas question, pour elle, de lâcher prise. Pourtant, c'est justement cela qui la maintenait prisonnière de son arbre généalogique et barrait la route à toute relation heureuse. À un moment ou à un autre, il faudrait les « abandonner » à leur sort.

La loyauté nous enferme bien plus que nous le croyons parce qu'elle se construit à partir de sentiments très archaïques. Il s'agit toujours de maintenir des liens au nom de ce que nous avons de plus précieux et que nous cherchons à défendre ou à protéger. La difficulté est d'autant plus grande de lâcher prise et d'intégrer que nous ne pouvons parfois rien contre l'injustice que nos proches ont subie. Justicier, héros, vengeresse : rien de tout cela ne nous incombe, même si la vie nous a été transmise en partie grâce à eux.

Nous ne sommes pas en dette au point d'y sacrifier le reste de notre existence.

Intégrer le masculin et le féminin

Qu'est-ce que ça veut dire ? Tout simplement cesser de les opposer, de les jouer l'un contre l'autre et de saisir ce que cela veut dire, sur un plan concret et personnel : accepter que l'on puisse être les deux tendances à la fois, sans valoriser l'une au détriment de l'autre… Beaucoup de femmes, par exemple, s'alignent sur une exigence presque totalitaire de réussite et deviennent dures, cassantes, intolérantes y compris avec leur propre part féminine qui doit suivre un modèle de performance extrêmement contraignant. Quant aux hommes, ils ont souvent, eux aussi, du mal à se reconnaître des qualités de douceur, de flou et d'irrationalité dans un monde construit sur des valeurs masculines dominantes. Cela nous oblige à être créatif et à tenter de réaliser cette intégration, pas à pas, dans tous les domaines où c'est possible… D'abord à l'intérieur de nous, bien sûr, pour que cela puisse se répercuter sur nos relations extérieures. Si nous sommes clivés, si nous pensons à l'autre en termes guerriers, si nous cherchons à le dominer, nous le ferons nécessairement fuir à un moment ou à un autre.

Cesser d'alimenter l'opposition entre ces deux facettes est donc un bon début, mais ce n'est pas suffisant car une véritable intégration passe par un dialogue entre elles. Et là, il n'y a pas de recettes toutes faites. Comment établir un pont entre deux personnages intérieurs ? Chacun trouvera la manière la plus adaptée pour lui : peut-être en leur donnant une forme, en les imaginant sous les traits d'une femme et d'un homme. Que fait la femme en vous ? Qu'est-ce qu'elle

179

souhaite, comment réagit-elle ? Et vous, quelle place lui donnez-vous ? *Idem* pour la question du masculin chez la femme. Finalement, faites-vous vivre ces facettes en les canalisant dans quelque chose qui a du sens pour vous ?

Dégager nos partenaires intérieurs des figures parentales

La plupart du temps, nous avons du mal à réaliser cette intégration parce que nous ne savons pas très bien de quoi il retourne à l'intérieur de nous. Le masculin et le féminin se construisent d'abord à partir des figures parentales de manière tout à fait inconsciente. À partir de là, nous les vivons entièrement « automatiquement ». Il importe de nous approprier petit à petit ces facettes, de les extraire de ce qui les encombre et de les vivre de manière plus consciente et plus personnelle : ne plus identifier toutes les femmes à nos mères et tous les hommes à nos pères, cesser de nous vivre comme nos parents, faire le tri entre ce qui nous appartient en propre et ce que nos parents nous ont montré de l'homme et la femme qu'ils étaient… et encore bien d'autres mises en lumière pour que quelque chose de notre propre alliance intérieure puisse émerger.

C'est bien ce qui s'est passé pour Catherine : elle a compris à quel point elle avait projeté sur les hommes la part négative qu'elle avait rencontrée chez son père. Aujourd'hui, elle a cessé de rencontrer des hommes dévalorisants. Mais il lui a d'abord fallu opérer une réconciliation entre les deux facettes de son masculin, les séparer de ce qui s'était joué avec son père, et accepter que le conflit était avant tout le sien pour pouvoir y remédier.

Sortir de la nostalgie généalogique

Céline n'aurait jamais progressé dans son processus thérapeutique si elle n'avait pas identifié « l'objet perdu » de son histoire généalogique et la place qu'elle se donnait face à lui. Il lui fallait sentir à quel endroit très inconscient elle était enfermée, et pourquoi et par qui ce lien avait pu être mis en place. Ce n'est qu'à partir de là qu'elle a pu commencer à se défaire de cette identification et accepter de sortir de cette emprise qui barrait la route à sa vie de femme.

Cette exploration de l'héritage ne concerne évidemment pas toutes les histoires. Mais, dans certains cas, il peut être utile de comprendre pourquoi nous sommes sans cesse à la recherche d'un personnage inaccessible, à travers des situations qui n'aboutissent jamais : hommes ou femmes mariés, non disponibles ou jamais réellement capables de s'engager – uniquement pour des raisons de sacrifice familial obligatoire. Comme Céline ou Florence, nous pouvons être liés de façon puissante à quelqu'un dont on n'a pas fait le deuil et qui envahit tout notre espace amoureux. Il faut un jour ou l'autre accepter de lâcher les disparus à l'aura omniprésente et se dégager de leur ombre pour faire place à une vie amoureuse pleinement assumée dans le présent.

Intégrer l'ombre

Pour terminer, voici l'un des défis les plus difficiles, parce qu'il s'agit de ce qui nous fait peur, de ce que nous tenons à distance, de ce que, décidément, nous n'aimons pas et nous n'aimerons jamais. Ce serait comme de tendre la main à notre pire ennemi. Et pourtant, c'est bien quelque chose de cette nature que la vie nous propose ici. C'est parfois impossible mais il est important d'essayer car le fruit de cette ouverture n'est rien d'autre que l'accès à une autre vie.

L'ombre, lorsqu'elle se manifeste, n'y va pas par quatre chemins. C'est toujours profondément désagréable et souvent violent et difficile à gérer, justement parce que nous sommes braqués dans une attitude de refus intérieur très net. Son but ? Nous choquer, nous révolter, nous déplaire suffisamment pour créer une fissure qui laissera passer la lumière. En attendant, tant que nous n'aurons pas fait le lien avec nous-mêmes, c'est l'autre qui en portera souvent le costume déconcertant ou redoutable.

Et vous ?

Voici un certain nombre de propositions, dans lesquelles vous retrouverez peut-être ce que certaines de vos relations vous ont amenés à confronter.

- Résoudre une question transgénérationnelle.
- Guérir de blessures familiales.
- Intégrer et relier le masculin et le féminin.
- Réconcilier les contraires.
- Continuer l'inachevé familial.
- Accepter vos failles.
- Devenir plus complet.
- Cesser d'être fidèle au destin malheureux de vos ancêtres.
- Vous défaire d'une emprise généalogique.
- Vous réapproprier votre part d'ombre.

- Quitter le projet de vos parents.
- Trouver l'accès à votre désir propre.
- Quitter l'incestuel.
- Sortir des identifications généalogiques.
- Renoncer au Prince Charmant.

Conclusion

La relation amoureuse est, par nature, complexe, instable et fluctuante : ce qui s'y passe nous impacte et nous bouleverse, mais jamais nous ne pourrons le capter ou l'expliciter dans sa globalité, encore moins le figer dans un discours précis, compartimenté et définitif. Ce livre a été écrit pour explorer un univers par nature insaisissable, fait de doubles fonds, de miroirs, de cloisons mobiles, de paysages qui s'évanouissent dès qu'on s'en approche. C'est pourquoi il ne cherche à aucun moment à tirer des conclusions hâtives ou à enfermer le sujet dans une analyse trop systématique. Il propose plutôt de s'aventurer au détour de ce paysage en gardant à l'esprit toute sa complexité et son mystère.

De même, on pourrait souvent avoir la tentation de réduire l'amour à une notion très pure, très lumineuse, uniquement synonyme de bienveillance, de joie et de sérénité. Ce serait lui enlever toute sa profondeur, sa puissance de feu, sa dynamique évolutive. Ce serait tenter de soumettre un sujet explosif et volatil à une lecture rassurante, certes, mais incomplète. Ce serait risquer de perdre la véritable finalité de ce qui se joue pour chacun de nous lorsqu'il vient à notre rencontre.

Car l'amour est initiatique. À chaque fois, il nous met face à l'essentiel : ce à quoi nous aspirons au plus profond de notre âme et comment nous pouvons progresser, de plus en plus, vers la lumière. Initiatique, donc aussi, bien sûr, *dynamique,* c'est-à-dire porteur de changement et de transformation, de découvertes et de désillusions, mais aussi d'une promesse : celle de devenir un peu mieux ce que nous sommes ou, en tout cas, nous en approcher d'un peu plus près. Lier la question de l'amour et celle du sens devient alors une évidence car sans aucun doute ce parcours contribue à nous faire émerger dans des contours de plus en plus précis, nous renvoyant sans cesse à ce que nous n'avons pas encore compris ni résolu. Cela devient l'un des instruments les plus précieux de notre accomplissement.

Ainsi, il incite à la découverte de soi et au discernement deux êtres en mouvement à travers deux histoires qui se croisent, se répondent et cherchent à faire entrer leur relation dans une certaine forme pour un temps plus ou moins défini. N'est-il pas étrange que nous soyons si nombreux à y aspirer, alors qu'être en couple n'est ni naturel ni aisé, que cette expérience est sans doute la plus exigeante que la vie nous propose et que nous faisons fausse route du début jusqu'à la fin si nous pensons y trouver un bonheur confortable et définitif ?

En fait, nous n'y trouvons pas que le bonheur. Nous y rencontrons nos propres failles, nos limites, nos imperfections, nos peurs et nos défauts les plus difficiles à assumer. Pourtant, contrairement à ce que nous imaginons souvent, c'est à partir de ces fragilités que nous pouvons réellement rejoindre l'autre, dans toute sa vérité et la nôtre, précisément lorsque nous osons lui dévoiler qui nous sommes en allant au-delà de ce qui nous dérange, sans faux-semblant. Mais peut-être l'autre le savait-il déjà…

Pouvons-nous accepter de sortir d'une vision édulcorée de la relation amoureuse ? Pouvons-nous nous défaire des stéréotypes d'une conception douillette ou idéalisée de l'amour pour plonger au cœur de ses arcanes, là où, tour à tour, nos parts sombres et lumineuses se dévoilent sans masque et sans fard ? Une chose est sûre : qui que soit l'autre, la relation ne parle que de nous, encore et toujours. Si nous acceptons d'y voir notre propre reflet, nous pourrons d'autant mieux saisir l'autre dans son altérité et partager sans risquer de perdre nos contours et nos différences, dans un espace de liberté et de vérité.

Ce chemin n'est ni facile ni confortable, mais il est profondément vivant et peut-être aussi indispensable pour mieux aborder le chantier de la relation homme/femme. Si nous voulons avoir des relations significatives, intelligentes, qui nous permettent de nous comprendre et d'avancer, si nous voulons ouvrir une brèche et définir un nouveau type de lien entre les hommes et les femmes, nous avons besoin de penser les choses sans être soumis à des dynamiques qui nous échappent. Nous devons au contraire saisir plus complètement la finalité de ce qui nous arrive pour choisir nos relations en toute conscience : vers quoi nous emmènent-t-elles ? Déconditionnement ? Réconciliation ? Sont-elles au service de la vie et de la liberté ? Ou simplement une entrave, reflet de puissants interdits encore à l'œuvre ? Qu'y cherchons-nous réellement ?

Se contenter d'une quête de bien-être ou d'harmonie sans entendre ce que la relation pourrait nous proposer de plus exigeant oblitère complètement le véritable défi qui se pose à chacun de nous aujourd'hui : replacer en conscience sa trajectoire amoureuse au sein d'un mouvement qui englobe le passé de ses ancêtres dans son histoire propre et accepter l'idée que ce qui nous arrive à l'extérieur reflète l'endroit où nous en sommes à l'intérieur. Peut-être pouvons-nous imaginer que ce mouvement qui émerge fait partie des changements de paradigme que notre siècle nous laisse espérer et que, quelque part, une autre vision du couple est à l'œuvre. Ce modèle verra le jour, petit à petit, demain et, pourquoi pas, aujourd'hui ?

Alors, n'oubliez pas, quels que soient vos parcours, quels que soient vos doutes et vos troubles, derrière chaque rencontre, chaque confrontation, se cachent la promesse d'une vie plus lumineuse, un niveau d'intégration plus profond, un appel à aller plus loin, à partager mieux, à une place avec l'autre où tout devient possible, où le meilleur de ce que vous êtes tous les deux peut se loger. *Rien n'est jamais là pour vous faire souffrir inutilement car la vie est de votre côté, toujours.*

Également dans la collection « Comprendre et agir » :

Brigitte Allain Dupré, *Guérir de sa mère*

Juliette Allais,

Décrypter ses rêves

Guérir de sa famille

Au cœur des secrets de famille

Juliette Allais, Didier Goutman, *Trouver sa place au travail*

Bénédicte Ann, *Arrêtez de vous saboter*

Dr Martin M. Antony, Dr Richard P. Swinson, *Timide ? Ne laissez plus la peur des autres vous gâcher la vie*

Elaine N. Aron, *Clouer le bec à son critique intérieur*

Laurence Arpi, *Mon corps a des choses à me dire*

Lisbeth von Benedek,

La Crise du milieu de vie

Frères et sœurs pour la vie

Valérie Bergère, *Moi ? Susceptible ? Jamais !*

Marcel Bernier, Marie-Hélène Simard, *La Rupture amoureuse*

Gérard Bonnet, *La Tyrannie du paraître*

Jean-Charles Bouchoux, *Les Pervers narcissiques*

Sophie Cadalen, *Aimer sans mode d'emploi*

Cécile Chavel, *Le Pouvoir d'être soi*

Marie-Joseph Chalvin, *L'estime de soi*

Patrick Collignon,

Heureux si je veux !

Enfin libre d'être moi

Claire-Lucie Cziffra, *Les Relations perverses*

Michèle Declerck, *Le Malade malgré lui*

Karine Danan, *S'aimer sans se disputer*

Flore Delapalme, *Le Sentiment de vide intérieur*

Ann Demarais, Valérie White, *C'est la première impression qui compte*

Marie-Estelle Dupont, *Découvrez vos superpouvoirs chez le psy*

Alain Durel, *Cultiver la joie*

Sandrine Dury, *Filles de nos mères, mères de nos filles…*

Micki Fine, *Aime-moi comme je suis*

Jean-Michel Fourcade, *Les Personnalités limites*

Laurie Hawkes,
    La Peur de l'Autre
    La Force des introvertis

Steven C. Hayes, Spencer Smith, *Penser moins pour être heureux*

Jacques Hillion, Ifan Elix, *Passer à l'action*

Mary C. Lamia, Marilyn J. Krieger, *Le syndrome du sauveur*

Lubomir Lamy,
    L'amour ne doit rien au hasard
    Pourquoi les hommes ne comprennent rien aux femmes…

Jean-Claude Maes,
    L'Infidélité
    D'amour en esclavage

Virginie Megglé,
    Les Séparations douloureuses
    Face à l'anorexie
    Entre mère et fils

Bénédicte Nadaud, Karine Zagaroli, *Surmonter ses complexes*

Ron et Pat Potter-Efron, *Que dit votre colère ?*

Patrick-Ange Raoult, *Guérir de ses blessures adolescentes*

Daniel Ravon, *Apprivoiser ses émotions*

Thierry Rousseau, *Communiquer avec un proche Alzheimer*

Alain Samson,

La chance tu provoqueras

Développer sa résilience

Steven Stosny Ph. D., *Les Blessées de l'amour*

**Dans la collection « Les chemins de l'inconscient »,
dirigée par Saverio Tomasella :**

Véronique Berger, *Les Dépendances affectives*

Christine Hardy, Laurence Schifrine, Saverio Tomasella, *Habiter son corps*

Barbara Ann Hubert, Saverio Tomasella, *L'Emprise affective*

Martine Mingant, *Vivre pleinement l'instant*

Gilles Pho, Saverio Tomasella, *Vivre en relation*

Catherine Podguszer, Saverio Tomasella, *Personne n'est parfait !*

Saverio Tomasella,

Faire la paix avec soi-même

Le Sentiment d'abandon

Les Amours impossibles

Hypersensibles

Renaître après un traumatisme

Les Relations fusionnelles

**Dans la collection « Communication consciente »,
dirigée par Christophe Carré :**

Christophe Carré,

Obtenir sans punir, Les secrets de la manipulation positive avec les enfants

L'Auto-manipulation, Comment ne plus faire soi-même son propre malheur

Manuel de manipulation à l'usage des gentils

*Agir pour ne plus subir, Délogez la victime qui sommeille en vous
Bienveillant avec soi-même, Pouvoir compter sur soi*

Fabien Éon, *J'ai décidé de faire confiance*

Florent Fusier, *L'Art de maîtriser sa vie*

Hervé Magnin, *Face aux gens de mauvaise foi*

Emmanuel Portanéry, Nathalie Dedebant, Jean-Louis Muller, Catherine Tournier, *Transformez votre colère en énergie positive !*

Pierre Raynaud, *Arrêter de se faire des films*

Dans la collection « Histoires de divan » :

Karine Danan, *Je ne sais pas dire non*

Laurie Hawkes, *Une danse borderline*

Dans la collection « Les chemins spirituels » :

Alain Héril, *Le Sourire intérieur*

Lorne Ladner, *Pratique du bouddhisme tibétain*

Composé par Sandrine Rénier

Dépôt légal : février 2017
Imprimé en Allemagne par BoD